Lösungsorientiertes Liegen.
Eine Projekttherapeutin liegt richtig.

AF164234

Das sollte mein erster Krimi werden, es hat aber leider nicht so gut geklappt.
Nun ja, aufgeschoben ist nicht aufgehoben und das Leben ist ja auch so schon spannend genug.

Ich bedanke mich bei allen Kunden, Kollegen und Geschäftspartnern, welche mir Inspiration zu dieser zweiten Geschichtensammlung waren.
Bleibt mir treu!

Ellen Schnittker
Lösungsorientiertes Liegen.

Eine Projekttherapeutin liegt richtig.

Bibliografische Information der Deutschen Nationalbibliothek:
Die Deutsche Nationalbibliothek verzeichnet diese Publikation in der Deutschen Nationalbibliografie; detaillierte bibliografische Daten sind im Internet über http://dnb.dnb.de abrufbar.

© 2016
Herstellung und Verlag: BoD – Books on Demand, Norderstedt.
ISBN 9783743137936

Illustration, Bilder: Ellen Schnittker

INHALT

LÖSUNGSORIENTIERTES LIEGEN I   1
Eine Projekttherapeutin packt zu.

IN FREMDEN BETTEN.   8
Liegen I

LIEGEN SIE RICHTIG?   14
Liegen II

LIEGEN GELASSEN.   21
Liegen III

LIEGENSCHAFTEN.   28
Liegen IV

WORAN ES LIEGT.   33
Liegen V

LIEGEN GEBLIEBEN.   39
Liegen VI

ICH HABE EIN ANLIEGEN.   45
Liegen VII

ES LIEGT NICHT AN MIR.
ES LIEGT AN DIR.   52
Liegen VIII

AND NOW YOU HAVE THE SALAD.   59

ICH BIN DIE NEUE.   66

EMAIL AN ALLE.   70

BLONDINE OHNE OHREN.   76

VERY IMPO(R)TANT PERSON?   83

LÖSUNGSORIENTIERTES LIEGEN II   89
Eine Projekttherapeutin packt zu.

LÖSUNGSORIENTIERTES LIEGEN III 97
Eine Projekttherapeutin packt zu.

LÖSUNGSORIENTIERTES LIEGEN IV 101
Eine Projekttherapeutin packt zu.

LÖSUNGSORIENTIERTES LIEGEN V 104
Eine Web-Designerin träumt.

ZUM SCHLUSS:
BITTE NICHT DRÜCKEN. 109

ÜBER MICH 113

Lösungsorientiertes Liegen I

Eine Projekttherapeutin packt zu.

Der schöne Teppich hat Blutflecken.
Moment mal – Teppich?
Wieso liegt in meinem Büro nur schäbiger PVC-Fußboden in Behörden-Farbe (fancy-graublau?). Mit schönen schwarzen Striemen von den Absätzen meiner Vorgänger aus den vergangenen gefühlten einhundert Jahren? Fragen über Fragen.

Ich muss aufpassen, dass meine schönen Schuhe (hellgraue Boots, sie passen PERFEKT zu meiner aktuellen Lieblingstasche) nichts abbekommen. Das ginge bestimmt nicht gut aus. Und ich habe dieses Paar Schuhe doch so lange „gejagt". Wochen über Monate, da will ich sie doch jetzt nicht mit kaltem Blut besudeln.

Ach ja, das Blut.
Auf dem Teppich.
Unter dem Geschäftsführer.
Dumme Sache aber auch!

War doch nur ein kleiner „Schubbser"... mit einer recht effizienten Auswirkung, möchte man sagen. Wenngleich – was ich nochmal betonen möchte – ohne feste Absicht. Naja, es kommt aber auch nicht so richtig ungelegen.

Nun liegt er hier, der Gute.
Zu meinen Füßen.

Ich könnte mich jetzt beeilen, um lästigen Fragen aus dem Weg zu gehen.
Und Hunger habe ich auch ein bisschen
Nur etwas Obst heute Morgen – da könnte ich doch noch...

Schritte auf dem Flur.
Huch! Ich halte inne und lausche.

Das kann ich gut, Zuhören meine ich.
Kenne ich von Zuhause: zuhören und interessiert aussehen. Hat mich gut durch meine Ausbildung, mein Studium und so manches berufliche Meeting gebracht. Quasi eine Art „Schlüsselqualifikation".

ZUHÖREN.

Anderen das Gefühl geben, Recht zu haben.
„Blablabla" – ich nicke zustimmend – „Blablabla". „Aber sicher!" vermittelt mein Blick, „das würde ich GANZ GENAUSO machen!"... „Blablabla...".
Wenn die alle wüssten!

Der, der gerade zu meinen Füßen liegt und so unschön vor sich hin blutet, der wüsste jetzt Bescheid. Aber: jetzt ist es zu spät, jetzt wird er schon kalt.

Hätte ER vielleicht mal zugehört!
Oder nachgefragt. Dann wäre er möglicherweise nicht so unglücklich über mein ausgestrecktes Bein gestolpert.
Auf die Tischkante.
Mit dem Kopf.
Autsch.

Ausgerechnet auf den Brieföffner, den guten neuen. Das kann ins Auge gehen.
Ist es dann ja auch. Nochmal Autsch.

„Sie sehen zu viele Probleme, Frau S., denken Sie doch mal lösungsorientiert!" hallt es in meinem Kopf.

Ok.
Ich schnappe mir besser meine Projektunterlagen und verlasse das Büro.
Die Schritte von vorhin sind schon lange vorbeigezogen.
Die Luft ist rein.

Mit einem kurzen „Tschüss!" schließe ich die Tür hinter mir (noch kurz den Griff „verwischen", soll ja nicht klinisch rein werden) und ab geht's. Geschafft.

Und jetzt auf ein zweites Frühstück in mein „Zweitbüro", ins Café.
Wo es schönen Steinfußboden gibt. Und leckere Croissants und Kaffee, bei dem der Boden der Tasse in gefülltem Zustand NICHT zu erahnen ist. So muss es sein!!
Mein Kaffee, meine „Black Box"!

Ich knabbere meinen Keks, den ich zum Kaffee bekomme („Hmmmm. Köstliches Butter-Aroma!!") und bin leicht überrascht, dass es schon wieder so weit gekommen ist.

Lösungsorientiertes Denken in Verbindung mit Blutflecken.

Mal auf dem Teppich, mal auf kalten Steinfliesen, in der Tiefgarage oder auch mal in der Cafeteria.
Von „sizilianischen Lösungen" würde mein Bruder jetzt vielleicht sprechen.
Oder „wat mut, dat mut".

Genauso ist es aber auch!!

Wie konnte es denn wieder soweit kommen?
Oder: wie konnte ICH denn wieder soweit kommen?

Als Frau bin ich doch eigentlich soziologisch dazu „verpflichtet", das Wohl der Gruppe im Blick zu haben. Und für gute Stimmung zu sorgen (wobei, meine ist jetzt eigentlich ganz gut!).
In Zeiten von Fellschlüpfern und Säbelzahntigern als Nachbarn hieß das, das Feuer nicht ausgehen zu lassen oder zumindest für den Betrieb der Fußbodenheizung zu sorgen und immer eine Kanne Kaffee auf dem Feuer zu haben (ich habe da möglicherweise etwas verwechselt, deswegen gebe ich auf den

historischen Zusammenhang hier KEINE GEWÄHR).

Also zurück zum Wohlergehen der Gruppe.
Wobei – vielleicht freuen sich jetzt ja noch mehr über diese kleine morgendliche Überraschung?
„Sie" ist immerhin noch ganz frisch, duftet somit noch angenehm nach Rosen oder wahlweise Aftershave. Oder beidem. Auf jeden Fall NICHT nach Moder.

Worin liegt also das Wohl der Gruppe?
Für meinen Job als Projektmanagerin kann ich sagen, dass das Wohl der Gruppe oder des Projektteams in direktem Zusammenhang mit dem Projekterfolg stand:
Zufriedenes Projektteam => Zufriedenes Projekt bzw. guter Projekterfolg.
Das ist eigentlich ein ganz einfaches Rezept und für jeden leicht nachvollziehbar, oder?

Und doch: oft nicht erreicht bzw. nicht berücksichtigt. Schade eigentlich!

Und: warum ist das so? Muss es so sein? Man macht es sich doch nicht absichtlich schwer! Vielleicht wegen „Leicht kann das ja jeder, höhöhö!"?

Offensichtlich ist es schwieriger als gedacht, sich selbst eine gewisse „Leichtigkeit" zu erhalten.
Wie paradox das klingt!!

Ich nutze diesen Anlass hier für meine neue Leichtigkeit, und nenne es mal LÖSUNGSORIENTIERTES LIEGEN.

Problemorientiert kann ja jeder. Höhöhö!

In fremden Betten.

Liegen I

Berufsbedingt bin ich viel unterwegs. „Augen auf" bei der Berufswahl – aber nun ist es zu spät und ich darf (muss) reisen.

Was auch sein Gutes hat, so begegne ich meinen Auftraggebern nicht im ballonseidenen Gewand an der Kasse im Supermarkt. Oder am Büdchen um die Ecke, auf der Jagd nach Cola und Chips...

Zurück zum Reisen. Neben spannenden, von Zeit zu Zeit nervenaufreibenden Autofahrten oder Fahrten mit dem Zug (vielleicht schreibe ich demnächst mal über das „Sitzen"??) zählen also auch Übernachtungen dazu. Ich kann mich erinnern, dass ich morgens in einem Hotel aufgewacht bin und im ersten Moment nicht gewahr war, wo ich mich befinde und zu welchem Job oder Projekt. Da merkte ich, es war „Zuviel" des guten Reisens.
Inzwischen hat sich Vieles verändert.
Heutzutage reise ich weniger, zumal aber für längere Zeiträume am Stück. Und

mittlerweile macht mir auch das private Reisen wieder Spaß, was schon mal anders war.

Wer viel reist, kann auch viel erzählen. Und da es hier um das „richtige Liegen" geht, möchte ich von den Betten berichten, die ich kennenlernen, be-liegen und auch be-jammern durfte.
Schade, dass ich die guten Betten hier nicht benennen kann – es scheint so Sitte zu sein, den Außendienstlern oder Dienstreisenden in Deutschland Betten zur Verfügung zu stellen, die so beschaffen sind, dass wir uns NOCH MEHR auf Zuhause freuen. Als wenn das nötig wäre!
Keine Angst, aus reiner Freude möchte ich nicht noch ein oder zwei Nächte verlängern.
Danke – aber nein Danke.

Womit fange ich nun an?
Wie wäre es mit dem „Wackelbett"?
Meine neueste Entdeckung!

Also gut.
Ich checke im Hotel ein, kenne es schon ganz gut von vorangegangenen

Aufenthalten. Dieses Zimmer jedoch hatte ich noch nicht.

„Oh, ein großes Bett!" – Ich freue mich, denn oft hatte ich schon Einzelbetten, und da fühle ich mich jedes Mal in meine Kindheit und ins Jugendzimmer zurückversetzt. Man glaubt es kaum, auch ich bin in der Zwischenzeit er- und gewachsen.

Die meisten Betten in Einzelzimmern hingegen nicht!

Aber: hier finde ich respektable 1,40-1,60 vor, wie angenehm!

Da ich Hotel und Bettzeug bzw. Bettwäsche schon kenne weiß ich auch, dass es nicht müffeln wird. Und weil ich wirklich „platt" bin am Anreisetag (mit 12 Stunden im Projekt), freue ich mich umso mehr auf meine Bettstatt.

Bis „es" passiert.
Es vibriert und wackelt.

„???" denke ich. „Ein Erdbeben?". Ich weiß, wie sich das anfühlt und es fühlt sich in etwas SO an.

Bis „es" aufhört.
Und WIEDER anfängt.
Immer wieder.
Regelmäßig.
Mit jedem vorbeifahrenden Zug (!!!).

Aus Erzählungen und Road-Movies kenne ich diese „Wackelbetten", wie sie sich in manchem Motel in den USA finden lassen.
Diese funktionieren aber nicht inklusive, sondern verlangen ihren Tribut. Oder eben Kleingeld, wie ein elektrisches Schaukelpferd.
Mein Bett hingegen hat keinen Einwurf-Schlitz für Münzen.
Nein.
Es ist nur schön breit. Und es wackelt.

Erst finde ich's witzig. Aber von Mal zu Mal schwindet der Charme und ich werde auch nicht sanft in den Schlaf geschaukelt.

Nein, ich werde genervt. Und ich zweifele zunehmend auch an meiner Wahrnehmung. „Bilde ich mir das jetzt hier vielleicht nur ein?" frage ich mich.
Nö.

Mit dem nächsten Zug kippt mein Zahnputzbecher ins Handwaschbecken und ich bin auf einen Schlag WACH. Hmm. Hier wackelt einfach ALLES.

Um das Ganze abzukürzen:
nach zwei durchwackelten Nächten freue ich mich SEHR auf mein Zuhause. Ich schlafe – kaum angekommen – mindestens 12 Stunden durch!

„Ja, haben Sie sich denn nicht beschwert?" werden Sie mich jetzt vielleicht fragen.
Richtig, denn das habe ich in der Tat nicht getan.

Aber: würde denn das Bett mit dem Wackeln dann aufhören?
In diesem Fall halte ich es wie mit Schrödingers Katze: ich werde auch das nie erfahren.

Es ist so: wenn ICH sauer und übernächtigt bin, beschwere ich mich nicht, weil ich PLATZEN könnte. Das wohl lieber nicht.

Und da ich es nicht leiden kann, wenn Andere ihr Essen im Restaurant ganz aufessen und im Nachhinein meckern, es sei UNGENIESSBAR gewesen, mache ich selber das auch nicht.
Ich übernachte also nicht und meckere hinterher.

So bin ich eben. Nicht.

Natürlich werde ich nicht noch einmal in dieses Zimmer einchecken.
Aber, wie war doch gleich die Zimmernummer??
Ojeh.

Liegen Sie richtig?

Liegen II

Sie kennen die Redewendung, „richtig zu liegen" – und im unwahrscheinlichsten Fall ist damit eine horizontale Haltung gemeint.

Nein, „richtig zu liegen" bedeutet beispielsweise eine gute Entscheidung oder Einschätzung getroffen zu haben.
Damit liegen wir alle gerne richtig.

Falsch zu liegen, das mögen wir alle eher weniger.
Ich habe bereits dargelegt, dass mir auch meine Liegeposition wichtig ist – und dass Hotelbetten mich nicht kalt lassen.
Ebenso halte ich es mit Entscheidungen.

Ich habe früh begonnen, selbst für mich Entscheidungen zu treffen. Weil ich festgestellt habe, dass sie mir guttun und ich gut damit leben kann.

Mein berufliches wie privates Umfeld durch eigene Entscheidungen gestalten zu können, diesen Luxus leiste ich mir. Und sollte ich damit mal „falsch liegen", dann ich kann ich damit leichter umgehen, als wenn jemand anderes für mich falsch gelegen hätte.

„Ja," denken Sie jetzt vielleicht, „wenn das jeder so machen würde – wo kämen wir denn da hin?".

„Wieso?" frage ich zurück, „es wäre doch schön, von persönlichen Entscheidungen umgeben zu sein, welche ihrerseits nach bestem Wissen und Gewissen getroffen wurden!".

Es geht mir hierbei nicht um „Macht" und „Freibier" und „Unabhängigkeit" für alle... das wäre streng genommen ja auch nicht das Ergebnis von eigenen Entscheidungen. Ich will keine Macht über andere und auch kein Freibier (es ist jetzt gerade sieben Uhr morgens, vielleicht fragen Sie mich nach 18:00 Uhr noch mal?).

Das Schöne an getroffenen Entscheidungen ist – so finde ich – dass sie begründet sind. Und ja – auch das Bauchgefühl zählt für mich dazu.

Mit Entscheidungen aus dem Bauch heraus habe ich mich selten getäuscht – und konnte bislang sehr gut damit leben.

Ich könnte jetzt auch wissenschaftlich (und damit meine ich psychologisch) ausführen, dass Bauch-Entscheidungen nicht ohne Sinn getroffen werden, aber eigentlich muss ich Ihnen das ja gar nicht erklären, oder? Instinktiv wissen wir viel mehr, als wir vielleicht im jeweiligen Moment bezeichnen können, und das ist vielleicht auch gut so.

Denn spontane Entscheidungen aus dem Bauch heraus sparen eigentlich ja immer auch Zeit.

Worin liegen Sie gerne richtig?
Ich erwähnte bereits, dass mir berufliche Entscheidungen wichtig sind.

Ich will bewusst an Ort und Stelle verweilen – aber vielleicht auch ganz bewusst gehen und somit Veränderungen herbeiführen.
Finde ich einen Platz, an dem ich mich wohlfühle und meinen Stärken

entsprechend agieren kann, dann freue ich mich darüber – und bleibe.
Oder gehe, wenn sich für mich abzeichnet, dass ich weiterziehen will.

Wohlbemerkt WILL und nicht MUSS.

Ich habe kürzlich in einem Gespräch den Satz gesagt, dass man sich Stolz „leisten können muss".
Damit war in diesem Fall gemeint, im Job nicht einfach „hinzuwerfen" und dann erstaunt die Folgen präsentiert zu bekommen: Job weg, kein Geld, keine Wohnung... aber immer noch hohe Ansprüche, versteht sich.
Das passt einfach nicht zusammen.

„Hinzuschmeißen" ist für mich auch keine bewusste Entscheidung, sondern eher eine Kurzschlussreaktion.

Zu Entscheidungen gehört für mich auch, nach dem WENN über das DANN nachzudenken. Und nach Überlegungen und Abwägungen dann zur Entscheidung zu kommen.

„Ha, jetzt habe ich Sie! Was ist mit den Bauch-Entscheidungen wenn jemand hinschmeißt?".

Stimmt, das klingt ganz nach einem spontanen Gefühl – aber Bauch-Entscheidungen geben uns ein deutliches Gefühl von DAS IST RICHTIG SO mit.
Kein Vielleicht.
Kein „WAS WÄRE WENN?".

Beim Hinschmeißen gibt es das eben nicht – da spielt eher die augenscheinliche Ausweglosigkeit eine Rolle:

- Ich sehe keinen Ausweg.
- Will mich zurückziehen, kann aber nicht.
- Kein geplanter Abgang möglich, dafür aber ein Flüchten.

Und das oft mit anschließendem Katzenjammer.

Ja, auch das kenne ich und habe es zur Sicherheit auch schon einmal ausprobiert.

Und dann festgestellt, dass es für mich und mein Leben (beruflich wie privat) KEINE GUTE ENTSCHEIDUNG war und nicht passte.

Ich treffe in meinem Beruf mit vielen Menschen zusammen.
Es ist spannend, so viele unterschiedliche Charakter kennenlernen zu dürfen.
Die Projektarbeit besteht im Prinzip aus der Aneinander-Reihung von vielen Ausnahmesituationen. Veränderungen bringen immer Verunsicherung – und oftmals auch Verärgerung mit sich.

Und als Managerin habe ich dann den Hut auf und steuere das vermeintliche Chaos:

Ziehe hier – drücke dort – und glätte Wogen dort, wo es welche zu glätten gibt.

In all diesen Situationen schätze ich es sehr, wenn ich auf „Gleichgesinnte" treffe, die ebenso wie ich Entscheidungen treffen.
Und ich merke immer wieder: Entscheidungskraft hat nicht viel mit dem Alter zu tun.

Sondern mit
KLARHEIT,
SELBSTBEWUSSTSEIN,
RESPEKT und ERFAHRUNG.

„Ich weiß, was ich KANN" – und handele dementsprechend.
Und (darin liegt vielleicht das Geheimnis des Erfolges) „ich weiß, was ich NICHT KANN" und handele ebenso dementsprechend.

Sein eigenes Spektrum zu kennen, wo es beginnt und wo es aufhört, das hilft beim RICHTIG LIEGEN.

Eine schöne Metapher eigentlich:
wer weiß, wo das Bett anfängt und wo es aufhört, der kann bewusst entscheiden, wie und wo er RICHTIG liegt.

In diesem Sinne:
Liegen Sie richtig und bequem!

Liegen gelassen.

Liegen III

Wenn ich etwas „liegen gelassen" habe, dann habe ich meistens vergessen, es zu erledigen. Oder?
Nicht zwingend!

Sie haben schon bemerkt, dass ich Dinge gerne wortwörtlich nehme. Insofern habe ich ja bewusst etwas liegen GELASSEN. Weil ich es „lasse".

Liegen lassen finde ich gut! Es ist wichtig, Dinge beiseite zu legen und loszulassen. Oder abzugeben an jemand anderen.
Die Kunst und auch die Schwierigkeit bestehen darin, die richtige Auswahl zu treffen.
Zu PRIORISIEREN.

Priorisieren ist nicht leicht. Nicht jeder kann oder will das Eine dem Anderen vorziehen.
Aber, und das ist wirklich entscheidend, es ist nicht alles gleichwertig und gleich wichtig!!

Als Projektmanagerin habe ich einen Vorteil, wenn ich zu priorisieren vermag. Der Projektplan beispielsweise ist eine Prioritätenliste in Ablaufform: erst kommt A, dann B, C+D können vielleicht gleichzeitig umgesetzt werden.
Soweit schön und gut.

Wenn also fachlich nichts gegen den Plan spricht, dann „steht" er und ist fix.
Schwierig wird es dagegen, wenn die einzelnen Mitglieder im Projektteam ihre Arbeitspakete nicht im Blick behalten – und unter Umständen aus den Augen verlieren.

Zwei Beispiele.

EINS:
Eine liebe Kollegin kommt nicht mehr dazu, ihr „Pensum" abzuarbeiten. Ganz im Sinne von „den Stapel auf der linken Seite des Schreibtischs zum Nachmittag auf die rechte Seite weggearbeitet zu haben".
„Wo steckt das Problem?" frage ich mich und und besuche sie in ihrem Büro.
Was ich sehe, erschreckt mich: der Schreibtisch ist vor lauter Papierstapeln kaum noch zu erahnen. Für Zettel und Stift

kein Platz mehr. Jeder Griff zum Telefon droht, eine Papier-Lawine in Gang zu setzen. (Was, wie sich später zeigt, eigentlich auch egal wäre – denn die unteren 2/3 der Stapel sind eh schon „aus den Augen" und erst recht „aus dem Sinn".)

„Was sind denn das für Stapel?" frage ich.
„Emails." ist die Antwort.
???

Ja, genauso ist es: JEDE EMAIL wird ausgedruckt und OBEN auf den Stapel gelegt.

Was unter anderem hierzu führt:
Meine Email von Beginn der Woche befindet sich bereits IRGENDWO (vielleicht in der Mitte?). Sie war und ist immer noch WICHTIG! Die Chance auf eine Antwort ist aber ziemlich gering.
Wenn es die Zeit erlaubt, dann wird der Stapel VON OBEN NACH UNTEN abgearbeitet. Bedeutet: Die neuen Punkte werden abgearbeitet, ungeachtet dessen, was vielleicht in der Priorität weiter oben steht.
Und: TELEFONATE werden vorgezogen.

Das geht so: Jemand (z.B. ich) schreibt eine Nachricht. Sie wird ausgedruckt und kommt auf den Stapel. Sie wird aber noch nicht bearbeitet oder beantwortet. Nach einem Tag ruft der Absender (wieder ich) an. Ich bekomme unter Umständen sofort meine Antwort, vielleicht aber auch erst nach einem Rückruf.
Der Witz daran: Meine Email BLEIBT ja im Papierstapel, der mit jedem Tag und mit jeder weiteren Email anwächst.
Sie verstehen?

ZWEI:
Ein anderer lieber Kollege wird mit der Auswertung von Daten betraut, die ich bis zum Mittag (also HEUTE!) benötige. Er beginnt mit der Arbeit.
Die Bürotür öffnet sich, es könnte aber auch das Telefon klingeln – ist im Prinzip egal. Jemand anderes hat eine Frage. Mal so generell. Ist auch nicht wirklich dringend. Die beiden tauschen sich aus... sie kommen von Hölzchen auf Stöckchen und nebenher zu weiteren Fragen, so generell halt...
Ich bemerke (achja, wir sitzen uns übrigens gegenüber, deswegen bekomme ich das

alles so gut mit), dass der Kollege SEHR hilfsbereit und auskunftsfreudig ist. Das freut mich, denn als Dienstleister ist das genau unsere Aufgabe.
Ich bemerke aber auch, dass die Zeit vergeht und ich die benötigte Auswertung nicht rechtzeitig bekommen werde.

„Wie sieht's aus, kommst du klar?" frage ich.
„Öhm ja, womit? Wieso?".
Grummel. Einatmen, ausatmen!
Ich erkläre, dass ich auf die Auswertung warte und erst MIT ihr weiterarbeiten kann.
„Auswertung?".
Okay. Nicht okay.

Kaum zu glauben, er ist tatsächlich so abgelenkt worden, dass er es VERGESSEN hat.
Sie verstehen?

Ich nehme mir vor, demnächst mit ihm gemeinsam einen Tagesplan zu erstellen, um sein Zeitmanagement und seine Konzentration zu verbessern.
Und das funktioniert ungefähr so:

Ich: „Hast du das Gefühl, dass du deine Aufgaben am Tag gut schaffen kannst? Wenn du magst, gehen wir das gemeinsam einmal durch.".

Gefragt, getan: gemeinsam werden wir nun für die nächste Zeit jeden Tag durchgehen, wobei ER planen und priorisieren soll und ich ihm dabei assistiere.
Es hilft ihm sehr, das Ganze zu visualisieren. Wir benutzen dazu ein Whiteboard, aber auch Zettel und Stift würden dazu ausreichen.
Wir erstellen Kriterien zur Bewertung: Wichtigkeit, Fälligkeit, Aufwand mit Dauer und Schwierigkeitsgrad.

Danach priorisieren wir:
Aufgaben werden nicht zugunsten eines neuen Anliegens unterbrochen, stattdessen werden feste Zeitfenster freigehalten, beispielsweise für die Bearbeitung von Emails, telefonische Rückrufe oder Ähnliches.
Wichtig hierbei: immer VERBINDLICH BLEIBEN. Wenn ich eine Zusage für die Erledigung von XY gebe, dann halte ich diese auch ein.

Das schafft zum einen Transparenz wie Sicherheit. Und zum anderen auch Vertrauen.

Je nach Aufkommen mache ich solche Pläne auch für mich selbst. Die daraus gewonnenen „freien" Zeitfenster schaffen mir Raum für Akquise, allgemeine Bürotätigkeiten oder auch für das Schreiben.
Das „Liegen lassen" bedeutet also nicht zwingend, das beiseite Gelegte nie wieder aufzugreifen. Jedes aber zu seiner Zeit.

Dabei habe ich für mich geklärt:
Lasse ich es liegen – und kümmere mich nicht mehr darum?
Lasse ich es liege – und mache später damit weiter?
Oder lasse ich es für jemand anderen liegen, der es dann übernimmt?

Abschließend lasse ich Ihnen gerne ein Schema für Ihre Prioritätenliste liegen:

Was	Wichtigkeit (Einschätzung Auftraggeber)	Fällig zum	Aufwand, Dauer	Schwierigkeitsgrad	Prio (meine)	ToDo am

Liegenschaften.

Liegen IV

Wenn die Rede von Liegenschaften ist, dann sind Immobilien – genauer gesagt „Grundstücke" gemeint.

Was hat das mit mir zu tun?

Nun ja, auch in einem wunderschönen Zuhause bin ich nicht so fest „verwurzelt", wie manch anderer.
Ich besitze keinen Grund und Boden und auch sonst kein Wohneigentum.
Ich fühle mich nicht an einen bestimmten Ort wie „Heimat" gebunden und bin mir auch nicht sicher, ob ich überhaupt schon irgendwo „angekommen" bin.
Wenn es das für mich gibt.

Es gibt jedoch einige Orte, an denen ich Kraft schöpfen und meine Akkus aufladen kann.
An so einem Ort befinde ich mich gerade.

All diese Orte sind ein wenig verstreut, entdeckt auf Reisen und mit schönen

Erinnerungen und guten Gefühlen verbunden.
Ich besuche sie gern – um auszuspannen, aber auch um zu arbeiten.

Glücklicherweise kann ich meinen Hauptberuf überall ausüben, also auch an meinen Kraftorten – aber natürlich nicht notwendigerweise...

Es gibt also doch Liegenschaften in meinem Leben, sie gehören aber nicht (zu) mir allein und ich teile sie mit vielen anderen.

Ganz ähnlich verhält es sich mit meinem beruflichen „Setting".
Ich arbeite selbstständig und setze auf meine Stärken: Organisationstalent und Kommunikationsgeschick.
Das passt prima zur Projektarbeit und meiner Rolle als Projektmanagerin.
Dennoch kann ich mir vorstellen, dass ich vielleicht noch nicht wirklich an meinem Ziel angekommen bin.

Sicherlich entspricht das, was ich aktuell mache, dem was ich machen will. Zurzeit.

Das mag vielleicht auch daran liegen, dass ich einige unterschiedliche Dinge tue: ich halte Seminare, drehe als Referentin Lektionen für Studierende, biete Hilfestellungen bei organisatorischem Wandel... und manage Projekte.

Dazu kommt dann noch eine andere Herzensangelegenheit, das Schreiben.

Aber das klappt leider noch nicht auf Abruf: manches Mal „fließen" die Worte gerade so auf das Papier... dann wieder entstehen wochenlange Pausen.
Bis hin zu Monaten.

Das Feedback zu meiner ersten Textsammlung hat mich überwältigt: zugegeben, ich selbst mag meine Geschichten und finde sie amüsant. Da sind aber noch die anderen Menschen, die sie eben nicht gut finden „müssen" – es aber trotzdem tun. Und das ist schön.

Dazu kommt, dass sie sich mehr von meinen Texten wünschen – und ich tue das auch!

Ich möchte gerne mehr und länger schreiben... vielleicht verbindet sich ja das eine mit dem anderen?

Ich weiß nicht wie das ist, an einen Ort gebunden zu sein oder sich an einen Ort gebunden zu fühlen.
Ist das schön?
Ist es ein beruhigendes Gefühl?

In zweifelhaften Reportagen wird gerne (und meiner Meinung nach wenig investigativ) von Streit unter Nachbarn oder von Stress in der Wohnsiedlung berichtet.
Da bin ich raus!
Danke – aber nein danke!
Da wird die Liegenschaft zum immobilen Problem.
Und es bleibt.

„Love it", „change it" oder „leave it" sind dort keine wirklichen Alternativen.

Die Hobbypsychologin in mir würde zum „liegenlassen" und weiterziehen raten (leave it).

Die Kriminalistin zur „Sizilianischen Lösung" (lösungsorientiertes Liegen). Da hätten dann auch die Medien was davon...

Und ich könnte darüber schreiben? OK!

Woran es liegt.

Liegen V

„Woran liegt das eigentlich?" fragen wir uns, wenn etwas nicht so funktioniert wie wir es uns vorstellen.
Und damit meistens erst dann, wenn es schon zu spät beziehungsweise passiert ist.
Doch warum? Woran LIEGT DAS den eigentlich?

Projektmanagement hat viel mit Risikomanagement zu tun.
Wobei mit „Risiko" ein noch nicht eingetretenes Problem gemeint ist.

NICHT eingetreten, wohlbemerkt.

Ein Risiko zu managen bedeutet eben nicht, den Karren aus dem Dreck zu ziehen, sondern zu verhindern, dass der Karren dort landet.

Bei Projektanfragen werden meine Skills hinsichtlich Risikomanagement und Methoden abgefragt.

„Jepp", das kann ich!
Ich fertige Ihnen auf Wunsch umfangreiche Risikolisten an: Tabellen, die sich mit der Frage „Was kann alles passieren?" oder „Was passiert, wenn...?" befassen und Bewertungen zu Priorität und Ausprägung der einzelnen Risiken liefern.

Somit lässt sich für zahlenaffine Menschen alles in einer Zahl ausdrücken: je höher diese ausfällt, desto schlimmer.

Was uns allein aber nicht weiterbringt, denn wir müssen uns schon noch selbst überlegen, wie wir einen Risikoeintritt zu verhindern versuchen (Strategie 1) oder mit dessen Eintritt umgehen (Strategie 2).

In der Fachliteratur wird das ganz gern (in meinen Augen) umständlich bzw. aufwändig erklärt.
Es geht aber auch einfach:

Meine Problemstellung:
Heute ist ein bewölkter und regnerischer Tag. Ich plane, einkaufen zu gehen, möchte aber verhindern, dabei in den

Regen zu kommen beziehungsweise nass zu werden (= Risiko).
Meine umfangreiche wie pragmatische Risikoanalyse ergibt Folgendes:

Strategie 1:
Vermeiden, in den Regen zu kommen:
Wetterbericht / Satellitenbericht beziehungsweise Regenradar prüfen und die Tour dementsprechend einplanen.

Strategie 2:
In den Regen zu kommen, aber das nass werden zu vermeiden / zu mindern:
Wetterfest anziehen (Regenjacke, Schirm, wasserfeste Tasche...).

In meinem Beispiel hat die erste Strategie voll gegriffen, ich bin also trockenen Fußes von A nach B und auch wieder zurückgekommen. Aber auch mit meiner Strategie Nr. 2 wäre ich ganz gut vorbereitet gewesen.
So einfach ist Risikomanagement!

Ich kann den Regen zwar nicht verhindern, aber mich davon unabhängig oder unbeeinflussbar machen. So wird für mich ein Risiko nicht zum konkreten Problem.

Im Risikomanagement gibt es außer Risiken auch CHANCEN!

Das sind eingetretene Risiken mit – im Gegensatz zu Problemen – POSITIVEN Auswirkungen! Es gilt, Risiken zu meiden, aber Chancen „mitzunehmen".
Das ist die Kür neben der Pflicht.

Ich überlege gerade, ob es für mein einfaches Beispiel auch eine mögliche Chance gibt, aber wie das oft so ist im Leben – leider nein. Oder doch, vielleicht die Bewegung an der frischen Luft? Ich hätte ja auch zuhause bleiben können. Habe mich aber für Einkaufen und Spaziergang entschieden und alles ohne die unerwünschte Dusche geschafft.

Zurück zur Eingangsfrage: woran LIEGT das?
Wortwörtlich betrachtet könnte also der Hase im Pfeffer LIEGEN und darauf warten, uns die Suppe zu versalzen? Wie gemein!

Wer IST dieser Hase?

Es ist dann aber doch anders, so meine ich! Es gibt kein anderes ETWAS, welches irgendwo herumliegt und lauert!
Also keinen Hasen, der an allem schuld ist.

Nein, es sind im Wesentlichen die Konsequenzen unserer eigenen Entscheidungen und unseres Handelns, die so passieren.
Wir haben etwas nicht oder zu wenig berücksichtigt.
Etwas vergessen oder liegen gelassen.
Etwas getan – oder nicht getan.
Und all das mit entsprechenden Folgen oder Auswirkungen.

Vereinfacht dargestellt:
Ursache mit Wirkung!
SOWAS kommt von SOWAS.

Was bedeutet das jetzt für mich – und vielleicht auch für Sie?

Ich bin mir bewusst, dass all mein Handeln Konsequenzen mit sich bringt.

Im Privaten ebenso wie im Beruflichen. Da gibt es kein Davonschleichen oder Wegducken.
Das. Funktioniert. Nicht. Wirklich.

Somit fasse ich zusammen und appelliere:

Denken Sie!

Wägen Sie ab!

Sie und ich sind nicht allein, unser Handeln wirkt sich auch auf andere aus!
Seien wir also alle gemeinsam ACHTSAM und aufmerksam.
Lassen Sie uns GEMEINSAM MEHR CHANCEN NUTZEN als Risiken eingehen.

Und wenn es gut läuft, dann können wir zurecht behaupten:

DARAN LIEGT DAS!

Liegen geblieben.

Liegen VI

Ich kann nicht nur Dinge liegen lassen – ich kann selbst auch LIEGEN BLEIBEN!
„Haha" werden Sie vielleicht denken, „das kann doch jeder!".
Wirklich?

Also, mir persönlich ist es schwergefallen, das Liegenbleiben. Und vielleicht kennen Sie das dann auch:
Ein sonniger Morgen und wieder viel zu früh aufgewacht... warum nicht einfach liegenbleiben?

Aber das schöne Wetter!
Aber die tolle Morgenstimmung draußen!
Oder liegenbleiben?

Ach, und den Kaffee vielleicht auf der Seebrücke in der Morgensonne trinken!
Den Tag begrüßen!
Allein am Stand spazieren gehen!
Oder liegenbleiben?

Vielleicht schreiben? Und erst dann wieder hinlegen?

Achje!
Ich habe es wieder nicht geschafft mit dem Liegenbleiben.

Kann der innere Schweinehund sich bitte mal zu Wort melden? Haaaallllloooo!

Soviel zum wortwörtlichen Liegenbleiben.
Wie sieht es im übertragenen Sinne aus?
Da gelingt es mir zuweilen besser, zum Beispiel passiv.

Also LIEGEN GELASSEN zu werden.
Links liegen gelassen.

Ich werde Ihnen KEIN Geheimnis verraten, wenn ich Ihnen anvertraue, dass „links liegen gelassen" zu werden für mich unerträglich ist.
Dabei geht es mir nicht darum, im Mittelpunkt zu stehen oder die Aufmerksamkeit auf mich zu ziehen.
Weit gefehlt!

Ich finde es aber problematisch, ignoriert oder auch „geschnitten" zu werden.
Oder übersehen und vergessen.

Immer dann, wenn ich hinter dem Liegenlassen eine Absicht verspüre, dann könnte ich wirklich AUSRASTEN.
So eine Respektlosigkeit!

Ignoranz an sich ist wirklich eine unangenehme Eigenart. Mit welchem Recht maßt man sich an, jemand anderen zu ignorieren?
Mit KEINEM!

Selbst der größte Idiot soll bitteschön nicht ignoriert werden!

Ohne jetzt eine politische Grundsatzdiskussion starten zu wollen: auch grenzwertige Einstellungen, abstruse und extreme Verirrungen und Dummheiten dürfen NICHT ignoriert werden! Beim Gedanken an Wahlbeteiligungen von unter 50% bekomme ich Schnappatmung!
Wie kann das bitteschön sein?

Stell dir vor es ist Demokratie, und keiner geht hin?

Was – mit Verlaub – ist das denn für ein Mist?
Was lässt einen so verdrossen werden, an der eigenen Zukunft nicht mehr mitentscheiden zu wollen?
Herr, schmeiß Hirn vom Himmel!
Schnell – denn es ist allerhöchste Zeit!

Ignoranz für keinen! Und zwar SOFORT!

Hier wird jetzt NICHTS mehr liegen gelassen! Auf die Füße, auf die Beine, auf die Straße – und los geht's!

Vorbei die Zeiten, in denen man sich nicht mehr traute, couragiert zu sein!
Die Idioten sind noch in der Unterzahl und es wäre schön, wenn das auch so bliebe!
Also, macht was draus!

Lassen Sie uns mal nachdenken:
Es geht uns gut, wir haben zu essen und zu trinken. Wir müssen uns um Leib und Wohl nicht sorgen. Und auch nicht um unser Leben! Wir leben nicht, wie unsere

Eltern oder Großeltern, umgeben von Krieg, werden nachts nicht aus unseren Betten gerissen um im Keller Schutz vor Bomben zu suchen. Wir müssen Haus, Hof und Tiere nicht Hals über Kopf verlassen und nicht fliehen, um am Leben zu bleiben.

Es geht uns gut!
Vielleicht ZU GUT?

Existenzangst bringt uns so schnell wie nichts anderes wieder auf den Boden der Tatsachen zurück. Da die meisten sich jedoch mittlerweile in dieser Hinsicht nicht sorgen müssen, bleibt Raum zum „Abheben".
Abgehoben vom Hier und Jetzt leben wir alle in unseren eigenen kleinen Welten und lassen uns ungern stören.

Ignoranz jedoch schafft nur eine Illusion von Ruhe. Das funktioniert zwar nicht auf Dauer, aber auch das lässt sich dann leicht ignorieren.

So geht es uns mit vielen Dingen:
Klima, Umweltschutz, Umgang mit Ressourcen, Respekt vor Leben, Akzeptanz...

Einfach beiseitegeschoben und links liegen gelassen. Im kleinen und persönlichen Umfeld fängt das an „Ach, ich habe gar nicht mehr an dich gedacht... das hatte ich ja ganz vergessen!" und geht bis hin zum großen Ganzen. „Klima? Aber doch nicht hier! Ach, Sie meinen meinen Geländewagen? Ja, den benötige ich unbedingt hier in der Stadt!".
„Hach, diese Unwetter immer wieder – wo das nur alles herkommt...?".

Je länger ich darüber nachdenke, desto schlimmer wird's. Ich verliere die Geduld – und auch die Lust.

Da Aufgeben aber nicht meine Art ist, mache ich einfach weiter und schimpfe wie ein Rohrspatz.
Auf dass man sich daran anstecke und mit mir gemeinsam „Liegen Gebliebenes" aufhebe!

Ich habe ein Anliegen.

Liegen VII

„Anlieger frei", dieses Hinweisschild ist zumindest den Autofahrern unter uns geläufig. Wir finden diesen Hinweis überraschend platziert an solchen Straßen, durch die unser freundliches Gerät zur Navigation uns zu führen gedenkt.
Ich komme dabei immer ins Grübeln: „Ich habe ein Anliegen, ich möchte hindurch fahren". Aber wenn das so gemeint wäre, dann müsste man kein extra Schild hierfür aufstellen. Dann wären ja automatisch ALLE Anlieger, führe doch niemand aus reiner Langeweile oder aus Zufall hierdurch.
Also sind mit Anliegern in diesem Fall wohl im Wesentlichen die Anwohner gemeint.

Wie verhält es sich aber mit dem Anliegen an sich? Mit einem Anliegen verbinde ich eine Bitte, eine Nachfrage oder auch einen Auftrag an jemanden. Im beruflichen Kontext gerne per Email formuliert. Oder auch persönlich.

Kennen Sie das auch, Sie bekommen eine Email, die – wie sich nach dem Öffnen zeigt – zunächst gar nicht an Sie adressiert war, sondern (vielleicht x-Mal??) weitergeleitet wurde.
Soweit erst einmal in Ordnung.

Wäre da nicht die knappe Formulierung des Absenders: „Siehe unten" oder auch „fyi".

???

Ich schaue also „unten" nach und blättere mich durch. Rückwärts lesen ist kontraproduktiv, also lieber gleich nach GANZ UNTEN blättern.

Aha?
Soso!
Ah ja?

Ich schmökere mich durch eine Ansammlung von Prosa unterschiedlicher Verfasser und versuche, MEINEN „POI" (Point Of Interest) zu finden.
Mal klappt es – oft aber auch nicht.

Dann darf ich mir jetzt also den Kopf darüber zerbrechen, was mich:

- Möglicherweise interessieren dürfte
- Zu einem Handeln bewegen sollte
- Zu einer Rückmeldung veranlassen könnte

???

Netter Versuch, aber Danke.
NEIN DANKE.

Möge mir der Absender doch bitte SEIN ANLIEGEN an mich klar definieren.

Es muss ja kein Roman sein, ein klar gefasster Hinweis täte es schon: „Hallo Frau S., könnten Sie mir die Frage von Herrn XY beantworten? Ich habe Sie hier einmal herauskopiert, weitere Infos finden Sie im weitergeleiteten Email-Verlauf.".

Das kommt doch nett und adrett daher und hilft mir sehr weiter!
Ich halte es gerne selbst so.

Wenn ich also ein Anliegen habe, dann FORMULIERE ich es aus. Wenn ich etwas „fyi" weiterleite, dann erwarte ich keine Reaktion – ich möchte den Inhalt der weitergeleiteten Nachricht nur als Information im Postfach und Archiv meines Adressaten wissen.
Nicht mehr, aber auch nicht weniger.

Apropos: Ich habe mir das Thema „Email" auch in einem anderen Text vorgenommen, das zeigt wohl, dass es immer noch von hoher Aktualität für mich ist.

In meinen Projekten für unterschiedliche Auftraggeber habe ich es auch mit unterschiedlichen „Email-Kulturen" zu tun bekommen – und tue es noch.

Zum Beispiel mit „Email-Historikern", die einfach keine neue Email schreiben, obwohl das Thema sich schon längst geändert hat. Die also 20-30 AW und RE versenden und der Betreff stimmte schon bei Email Nummer vier nicht mehr... Irgendwann ist man selbst in den Verteiler geraten (ganz zum Schluss) und darf die Historie aufarbeiten...

Schlimm.
Ganz, ganz schlimm!!

Oder die „Verteiler-Könige", die sich einbilden, je mehr Adressaten sie auswählen, desto wichtiger würde ihr Anliegen. Oder dringender.
Von wegen!

Die meisten sind das ja schon gewohnt und kennen also diese unangenehme Gepflogenheit. Und jene, auf die es vielleicht ganz besonders ankommt, die lesen schon gar nicht mehr mit. Erst recht nicht, wenn sie in „CC" genannt werden – da wird die Mail dann automatisch gelöscht. Ein Hoch auf solche Regeln!

Oder die „Vergesslichen", die jemandem eine Frage stellen... aber nicht merken, dass diese Person gar nicht im Verteiler steht. Ups.

Oder... oder... oder...

Es könnte ein ganzes Buch füllen oder viele, sehr viele Emails.

Aber nun mal POSITIV GEDACHT, was wünsche ich mir denn eigentlich?

Hier ein paar meiner Regeln an mich. Vielleicht auch interessant für Sie?

1. Prüfe den Verteiler für dein Anliegen (meckern oder Lösungen finden?).

2. Neues Thema? Dann schreib eine neue Email mit entsprechendem Verteiler und Betreff. Soviel Zeit muss sein.

3. Beim Weiterleiten von Emails bitte Grund bzw Anliegen und fyi voneinander unterscheiden und dementsprechend klar ausformulieren. Dein Adressat soll wissen, was du von ihm willst.

4. Adressaten gehören in das „AN"-Fehld und nicht in CC. Die CC-ler bekommen das nur zur Info, alles klar?

5. Bei Antwort an einen Verteiler bitte prüfen: ist der so korrekt? Verteiler lassen sich auch ändern...

Und bitte bitte:

6. Gerne auch mal die Zeit nehmen, um Groß-/ Kleinschreibung, Grammatik und Rechtschreibung generell voll auszuschöpfen.
Wir sind doch nicht auf der Flucht! Auch dafür ist Zeit!!

Somit ist das Anliegen der Anlieger bestens platziert.
Oder?

Es liegt nicht an mir.
Es liegt an dir.

Liegen VIII

„Nehmen Sie das nicht persönlich", oder viel schlimmer noch „Es liegt nicht an dir, es liegt an mir.".
So ein Quatsch!

Solche Bemerkungen sind IMMER persönlich gemeint und natürlich liegt es an mir. Wäre es anders, müssten solche Sätze doch überhaupt nicht gesagt werden. Warum aber dann doch?

Wir versuchen höflich, freundlich oder sensibel zu sein. Klappt das? Auf den ersten Blick vielleicht, aber dann kommt die „andere" Botschaft doch irgendwie an. Erreicht mich zwischen den Zeilen. Nicht ausgesprochen, aber doch so gemeint.

Was wäre, wenn wir diese gute gemeinte Höflichkeit beiseiteließen und stattdessen offen und ehrlich miteinander sprechen würden? Das ist, finde ich, einen Versuch

wert und ich starte fürs Erste ein Gedankenexperiment:
Gehen wir ein paar Jahre zurück, ich bewerbe mich auf eine ausgeschriebene Position in einem Unternehmen. Meine Kenntnisse und Fähigkeiten entsprechen denen, die in der Offerte genannt sind.

Ich entwerfe ein individuelles und ansprechendes Anschreiben, stelle meine Unterlagen (Kopien von Zeugnissen und Zertifikaten) zusammen und versende alles zusammen in einem ausreichend frankierten und gut beschrifteten Umschlag (Din A4).
Die erste Hürde ist also genommen.

Dank Rechtschreibprüfung und Lektorat durch lautes Vorlesen wähne ich mich in Form und Inhalt meiner Bewerbungsunterlagen sicher.
Ich bekomme nach einiger Zeit Post (es ist ein „kleiner Umschlag") – der Erhalt meiner Unterlagen wird bestätigt.
Prima.

Und wieder einige Zeit später kommt ein weiteres Schreiben.

Wieder ein kleiner Umschlag – aber dieses Mal ist es eine Absage.
So nett formuliert, dass ich den Inhalt zunächst gar nicht richtig verstehe. Ich komme bis zum „... leider..." und es dämmert mir: eine Absage. Schade.

„Bitte sehen Sie daher kein Werturteil darin, dass wir Ihnen heute nach intensiver Abstimmung und Überlegung in unserem Hause, leider absagen müssen." so schreibt man mir.
Soso, es liegt also nicht an mir?
Wie soll das denn gehen?
Glaube ich nicht!!

In Bewerbungstrainings rate ich meinen Teilnehmern in so einem Fall doch noch einmal telefonisch nachzufragen und um den Grund für die Absage zu bitten.
Nur so kann ich mich für das nächste Mal verbessern, oder?
Sie kennen vielleicht auch die Fragebögen in Hotels oder Restaurants? „Helfen Sie uns, damit wir uns für Sie verbessern können." heißt es da.
Für Bewerbungen gibt es das leider nicht.

Ich möchte mich natürlich auch verbessern. Aber dieses Spielchen von wegen „es läge nicht an mir", darauf habe ich eigentlich keine Lust. Wer mir so kommt, der hat eigentlich schon „verspielt", da ich eine solche Umgangsweise gar nicht schätze.
Das war es dann für mich.
Ohne Nachfrage.

Solange ich mir meinen Stolz noch leisten kann, stolziere ich eben herum. Pah!

Was ich mir aber wünsche (von einer Zusage mal abgesehen) ist eine EHRLICHE Absage. Fehlen mir beispielsweise Kenntnisse? Komme ich unsympathisch rüber? Passe ich nicht in das Unternehmen?
Mir ist klar, dass solche Informationen NIE schriftlich kommen werden. Aus der Absicht, sich auf irgendeine Art und Weise vor einem Diskriminierungs-Vorwurf zu schützen. Ja, das verstehe ich ja auch. Aber gut finden muss ich das trotzdem nicht.
Und gut heißen noch weniger.
Dieses „Wischi-Waschi-Gehabe" kann ich einfach nicht leiden!

Niemals und Nirgendwo.

Wenn ich Absagen erteile, dann bemühe ich mich um ehrliche Worte. Ich erhalte (und das bleibt hoffentlich auch so) Anfragen von Recruitern mit Projektangeboten.

Witzig ist, wenn ich von acht unterschiedlichen Unternehmen die gleiche Anfrage (sogar im Wortlaut gleich, ein „Hoch" auf „copy & paste") bekomme. Wohl wissend, dass es sich in den meisten Fällen um Serienschreiben handelt, gebe ich JEDEM eine Rückmeldung:

Ja, für mich interessant und machbar zu Konditionen XY.

Nein, kommt für mich nicht in Frage weil keine Zeit oder Profil passt nicht.

Ich erhalte hierauf nur sehr selten eine Rückmeldung. Was für mich aber nichts daran ändert, dass ich so weitermachen werde, denn so ist meine Auffassung von beruflicher Professionalität: verbindlich zu bleiben.

Dazu gehört aber auch: mich aus den Karteien der Recruiter herausnehmen zu lassen, wenn ich merke, dass mein Berater

sich weder mit meinem Profil noch mit meinen Rückmeldungen befasst.
Das ist nicht professionell, dass ist Massenabfertigung!

Ich weiß, dass sich Personaldienstleister aus gut gefüllten Karteien oder Datenbanken mit Dienstleistern oder so genannten „Ressourcen" speisen und preisen.
Preisen in dem Sinne, dass man „exzellente Fachkräfte" vermitteln könne.

Aber was macht einen Vermittler zum guten Vermittler? Kennt er meine Fähigkeiten und Kenntnisse, weil er mein Profil oder meinen CV aufmerksam durchgelesen hat? Das wäre schön.
Das erklärt aber nicht die Anfragen „Webdesign" oder „Junior-Consultant", die bei mir absolut fehlplatziert sind!
Ja, ich gestalte meine eigene Website (was bis jetzt noch unbekannt war) aber es steht eben NICHT in meinem CV.
Und als Junior-XXX bin ich schon allein meines Alters wegen nicht mehr zu bezeichnen. Oder wegen meiner mehr als 20jährigen Berufspraxis im Projektgeschäft.

Erst kürzlich habe ich ein Unternehmen gebeten, mich aus Mailings und auch aus der Ressourcenkartei herauszunehmen.

„Aber warum denn?" fragte man mich.
„Weil ich nicht erkennen kann, dass ich profilbezogen angefragt werde und – was ich fast NOCH unerfreulicher finde – auf meine persönlichen Rückmeldungen überhaupt nie Bezug genommen wird.".
So werde ich beispielsweise mehrmals in der Woche angefragt, teile JEDES MAL mit, nicht verfügbar zu sein. Und zack – schon wieder die nächste Anfrage, ab sofort. Grmpf.

Was zu Beginn noch schmeichelt nervt mich dann, wenn ich merke, dass es gar nicht um persönliche Anfragen geht – und das nehme ICH persönlich!
Man „bedauere", so höre ich „werde aber selbstverständlich meinem Wunsch nachkommen".
Danke! Das wäre ja noch schöner!

In diesem Falle hat es an IHNEN GELEGEN
– und NICHT AN MIR!!

And now you have the salad.

„Es stellt für Sie doch kein Problem dar, wenn die Projektsprache Englisch ist?" so werde ich gefragt. „Sie beherrschen doch Englisch?".
„Of Course. If you like, we can continue this interview in English. Would be a pleasure to me.".
Schweigen.
Ähm ja, mein Gesprächspartner ist wohl etwas überrumpelt?

Okay, nochmal:
„Ja, Englisch im Projekt ist für mich in Ordnung, darin bin ich verhandlungssicher und auch erprobt.".
„Ah!". Jetzt wird ein Haken an diese Frage gemacht und wir kommen zum nächsten Thema.

Ich befinde mich in einer von vielen ähnlichen Gesprächssituationen in denen mich ein Recruiter hinsichtlich meiner Eignung und Kenntnisse für ein bestimmtes Projekt prüft.

Ich stehe also auf dem Prüfstand.

Oder umgekehrt?
In diesem Fall vielleicht schon.
Ohne jetzt wirklich ins Jammern zu geraten, aber wie kann jemand meine Eignung prüfen, der im Grunde nicht im Stande ist, diese zu prüfen? Ja sicher, Fragen zu stellen und Antworten abzuhaken ist kein Hexenwerk – aber das ist ja auch nicht gemeint. Die Frage ist doch, ob er oder sie das Gesagte auch VERSTEHEN kann.

Als Freelancer bin ich zum Teil darauf angewiesen, mich in solchen Interviews bestmöglich zu platzieren.
Das fängt genau dann an schwierig zu werden, wenn ich mein Gegenüber nicht mehr ernst nehmen kann. Ich könnte dem doch glatt „eins vom Pferd erzählen" und er oder sie würde es gar nicht bemerken. Vielleicht könnte ich mich auf diesem Wege zur SUPERWOMAN machen?
10 Jahre Auslandserfahrung in 10 unterschiedlichen Ländern. Ja natürlich, vier Fremdsprachen fließend in Wort und Schrift. Alle als Native Speaker (hä?). Nebenbei habe ich alle Kenntnisse über

Scrum, ITIL, DIN-Schlagmichtot und wie sie alle heißen. Ja klar.

Und wo wir gerade dabei sind, haben SIE eigentlich mein Profil GELESEN?
War ja nur so eine Frage von mir...
Weiß auch nicht, wieso ich ausgerechnet jetzt auf diesen Gedanken komme?

Wie erfolgversprechend beziehungsweise mit welcher Zielsetzung werden Gespräche von Recruitern geführt?
Es geht nicht nur um viel Geld (auf beiden Seiten) zumindest im Hinblick auf langfristige Projekte, nein natürlich auch um das Projektrisiko selbst.
Holen Sie sich einen absoluten „Blender" ins Projekt, der alle seine Kenntnisse und Fähigkeiten nur vortäuscht – und es wird sich nicht rechnen, sondern zum akuten Projektrisiko.
Von nix kommt eben nix.
Zumindest nix Gutes.

Andererseits finde ich die angefragten Skills teils etwas überzogen.
Ich habe bereits einmal über Eignung für ein Projekt gesprochen und möchte mich

insofern nicht wiederholen, aber stupide abgefragte Kenntnis von Applikationen, Plattformen oder Prozess-Skills bringen es meiner Ansicht nach nicht an den Tag. „Ja, ich kann SAP schreiben." denke ich mir. Toll. Das können nicht viele.

Da finde ich „offene Fragen" wie „Wie starten Sie ein Projekt?" oder „Welches sind Ihrer Meinung nach die größten Risiken?" viel aussagekräftiger.
Wie ein kleines telefonisches Assessment eben.

Das könnten auch die angehenden Recruiter gut schaffen und wer weiß, vielleicht würde es auch ihren Job ansprechender und spannender gestalten? Zumindest sinnvoller.

Doch zurück zum Englisch.
Ich selbst habe die Erfahrung gemacht, dass die Suppe oft nicht so heiß gegessen wird, wie man sie kocht.
Will heißen, dass die Sprachkenntnis (damit meine ich Grammatik, Vokabeln etc.) nicht das Problem waren.

Mitunter aber das, was „zwischen" den Zeilen steht.
Mit beispielsweise Engländern verhält sich das Englisch sprechen anders, als wenn alle Englisch als Fremdsprache benutzen.
Ist doch klar!
Der „Native Speaker" spricht seine Sprache, seinen Dialekt, seine „geflügelten" Worte. Die anderen nicht.
Dazu kommt, ob aufeinander Rücksicht genommen wird. Oder nicht.

Vielleicht werden wir im Vereinten Königreich als „unhöflich" wahrgenommen, weil wir zum Beispiel nicht ständig „happy about something" sind.
Aus dieser Phrase lässt sich doch nicht ernsthaft eine Beziehungs-Wertigkeit ableiten.
Wer das tut, sieht nur die halbe Wahrheit. Nämlich seine eigene.

Vielleicht mag solches „Unverständnis" auch mit der eignen Motivation im Projekt zusammenhängen. Steht diese im Konflikt zu meiner eigenen, ist das Missverständnis vorprogrammiert.
Und mit Sicherheit nicht sprachbedingt.

Aber was wären unsere Projekte, wenn wir darin nicht in so wunderbaren Anglizismen schwelgen könnten?
Es ist doch sehr viel schicker, oh Verzeihung, natürlich cooler, ein paar „Bullet Points" zusammen zu fassen als ein paar Kernaussagen.
Wobei - ich möchte eigentlich keine Bullet Points an den Kopf – oder besser noch „zwischen die Augen" – bekommen.

Aber naja, wenn ihr „happy about it" seit, dann will ich mal nicht so sein...

Und natürlich machen wir „End to End" und „RACI" und „Requirements" und „Changes" and so on...

Alles für unsere Stakeholder.
Für wen?
Ach, Sie essen gar kein Fleisch? Oh.

And now you have the salad.

Nachtrag:
Ich hatte kürzlich Gelegenheit, mich in einem Vorstellungsgespräch zu präsentieren: gleich drei Gesprächspartnern durfte ich Rede und Antwort stehen. Witziges Detail am Rande: einer der geplanten Teilnehmer wurde durch einen anderen ausgetauscht. Beim anfänglichen Händeschütteln und Austausch von Nettigkeiten hat er mich zwar etwas verständnislos angesehen, aber das kann bei meiner tollen Ausstrahlung ja schon einmal passieren, was meinen Sie?
Es lag aber hieran: er hat mich nicht verstanden. Sprach nämlich kein Deutsch. Schade eigentlich. Nach dieser für mich nicht unwichtigen Information (mal schnell ins kalte Wasser geworfen), war klar, dass das gesamte Gespräch bzw. Interview auf Englisch zu führen sei.
No problem!. Oder vielleicht doch?
Fazit 1:
Ich muss wohl meine Vokabeln für Finanzbuchhaltung, Controlling und Masterpläne noch etwas aufbessern.
Fazit 2:
Mein Deo hat nicht versagt. Prima!

Ich bin die Neue.

Das Aufregende und Spannende im Projektgeschäft ist das immer NEUE.
Das Interessante und Bemerkenswerte im Projektgeschäft ist das immer GLEICHE.

Geht nicht? Geht doch!

Kaum ist das eine Projekt abgeschlossen, lockt mich schon das Nächste. Jipih!

Der Projektauftrag ist schwer zu fassen – und damit schon symptomatisch für das ganze Projekt. „Was genau ist meine Aufgabe?" und „Wo genau befindet sich das Projekt im Moment?".
Gute Frage!

Nicht zum ersten Mal stoße ich auf unterschiedliche Kenntnisstände, Ziele oder Absichten. Die Kunst besteht also jedes Mal zuerst darin, den Projektbeteiligten (ja genau, den „Stakeholdern" mit Interesse am Projekt) die Feinheiten aus der Nase zu ziehen.
Und was zutage kommt, erscheint bunt und vielfältig...

Ich bin in meinem Element: genau das mag ich! Hier kann ich tätig sein und unterstützen!
Ich bringe Menschen miteinander ins Gespräch, sie entdecken Gemeinsamkeiten und Überschneidungen. Sie haben lange Tür an Tür gearbeitet – die gleichen Probleme als unvermeidbar toleriert – und schlussendlich akzeptiert beziehungsweise kapituliert.

„Ach, bei Ihnen auch?" kommt so manche Erkenntnis.
„Was meinen Sie, wäre dies oder jenes für Sie eine Vereinfachung oder Verbesserung? Was würden Sie sich wünschen?".

Ich frage, sammle, frage nach und spiele mit Ideen.
Und siehe da – der ein oder andere Knoten platzt und schafft Raum für echte Zusammenarbeit.
Da ist sie also wieder, meine Projekttherapie ☺!
Das Konzept ist also gar nicht falsch – lässt sich aber als Produkt nicht wirklich gut vermarkten.

Seien wir ehrlich: bei dem Wort „Therapie" kriegen alle doch gleich Pickel. Oder zumindest einen verkniffenen Gesichtsausdruck...

Wie schade, denn das Problem zu ignorieren hat sich in den seltensten Fällen als wirkungsvolle Strategie erwiesen.
Vielleicht muss ich noch am Ton arbeiten, der die Musik macht?
Mir vielleicht eine Strategie bei den „großen" Consulting-Giganten abschauen?
Tut mir leid – aber da bekomme ICH Pickel.

Ich arbeite mit den Menschen und ihren Projekten – und nicht über sie hinweg.
Ich tauche ein, um die Atmosphäre aufzugreifen und zu spüren – um dann von oben darauf schauen zu können.
Mich interessieren die Absichten und Beweggründe für den aktuellen Projektverlauf.
Das Projekt soll aus sich selbst heraus „gesunden" und wieder auf die Beine kommen.
Hilfe zur Selbsthilfe sozusagen.

Denn: die eigenen Ideen sind doch die besten! Sie werden eher akzeptiert als jene, die von anderswo ÜBERGESTÜLPT werden.

Das kennen wir doch alle:
„Zieh deine Jacke an!". „Fahr vorsichtig!".
„Sei nicht so voreilig!".
Jahaaa. Blablabla...

Im Grunde keine schlechten Ideen, sondern gut gemeinte Empfehlungen. Wir aber wollen nach unseren eigenen Vorsätzen handeln und uns keine VORSETZEN lassen. Ohne Vorsatz also!

Was nicht heißen soll, dass ohne Absicht, Sinn und Verstand gehandelt wird.
Es soll nur UNSER EIGENES DING sein, und KEIN FREMDES.

Und wie passe ich da als Neue hinein?
Individuell statt generell. Maßvoll. Und vor allem: auf Augenhöhe.
Nicht von oben herab.
Das wäre – nebenbei bemerkt – bei meiner Körpergröße auch ein echt „großes Ding".

Email an ALLE.

„Hiiiilfe! Ich will RAUS HIER!!!".
„Nehmt mich raus – zu Hilfe!!".

Ich schäme mich im Kollektiv und kann gar nicht mehr hinschauen. Und muss es doch. Ich schaue zu wie ein Gaffer und auch ohne Blut und Mord und Totschlag fühle ich mich unwohl in meiner Haut.
Und ein kleines bisschen schmutzig.

Worum es geht?
Achja, also kurz ins Bild gesetzt:

Wir habe es aktuell mit einer Diskussion per Email zu tun. Nicht wirklich Ergebnis-orientiert, dafür aber auf jeden Fall Erlebnis-orientiert!
Das heutige Erlebnis gleicht einem Schlagabtausch mit Worten. Ich wünsche mich zurück in die Zeit, als Männer mal kurz vor die Tür getreten sind, sich eins auf die Mütze gegeben haben und später beim sogenannten „Herrengedeck" (Bier und Korn) alles wieder im Reinen war.

Nach dem Dienst, versteht sich ☺

Nicht, dass sich das jemals so erlebt hätte, aber – hach – einfach mal so durchgespielt in Gedanken....
dann könnte ich mir diesen SEELENSTRIPTEASE hier sparen!

Naja, Striptease mit „gegenseitigem Schlüpper-Runterziehen", besser lässt es sich wohl kaum beschreiben.

Alles fing an mit einer Idee, die man (oder MANN) unterschiedlich gut oder nutzlos finden konnte. Von einem Lager als absolut „heilsbringend" ausgelobt, vom anderen Lager eher verhalten als „unbrauchbar" eingeschätzt.
Hätte prima bereits im Vorfeld diskutiert und erörtert werden können.
Wurde es aber nicht.

Vom Gedankenspiel kurzum in die Tat umgesetzt „darf" nun ein großzügig gewählter Verteilerkreis der ohne jeden Zweifel auch absolut unangemessen „Nachher-Diskussion" folgen.
Besonders spannend und bemerkenswert: der Verteiler wächst. Und wächst.

Begonnen zunächst mit den direkt betroffenen Parteien (die einzigen, die wissen worum es geht) konnte keine Klärung herbeigeführt werden.
Warum also nicht den Kreis der Angesprochenen vergrößern?
Vorgesetzte.
Vor-Vorgesetzte.
Warum nicht gleich auch den Kunden mit einbeziehen, so als „vertrauensbildende" Maßnahme?

So in etwa „Lieber Kunde X, wir haben dir ein System hingestellt und dir gesagt, dass es funktioniert und überhaupt ganz prima ist. Jetzt müssen wir das alles aber nochmal besprechen (also ob es wirklich toll und prima ist) und binden dich netterweise gleich mit ein: damit du siehst, dass wir unsere Arbeitszeit nicht mit Planung und Sinn und Verstand verschwenden. Sondern mit Leidenschaft!".
Ja, wir leiden – und du als Kunde am besten gleich mit!

Vielleicht ist mir die Strategie hierzu auch nur fremd, und ich kann das GROSSE GANZE nicht erkennen.

In meinem kleinen Universum denke ich mir nur „HÄH?".
Oder „War das jetzt wirklich nötig?".
Und vor allem: „Nehmt mich raus, Hilfe!!!".
Schluss, aus und Ende!

Der losgetretene Stein des Anstoßes vom Vormittag kommt zum Erliegen. Endlich aufatmen!

Ich hoffe, dass niemand sich morgen dazu auserkoren fühlt, nachträglich noch etwas beizutragen. Wobei „Beitrag" bestimmt nicht die richtige Umschreibung wäre, eher UNSACHDIENLICHER HINWEIS.
Eben nicht der Sache dienend.

Bei all dem destruktiven Denken fällt mir ein, dass es in vielen Unternehmen sogar „Anleitungen" gibt, die einen guten Umgang mit Emails sicherstellen sollen.
Sind die Autoren noch existent und könnten vielleicht als EMAIL-POLIZEI eingreifen? Vielleicht mit User-Sperre drohen oder mit Zwangs-Abwesenheit?
„Sie können dem User XX keine Nachricht senden. Er hat sich fehlerhaft verhalten

und unterliegt einer Zwangssperre bis zum XX.".
Ein aufregendes Konzept!!

Die Email-Polizei stellt einen verantwortungsvollen Gebrauch und Umgang mit der Applikation sicher.
Unerwünschtes und abweichendes Verhalten wird festgestellt und zieht Konsequenzen nach sich.
Vielleicht PUNKTE SAMMELN? Wie in Flensburg?
- Abwesenheits-Notiz vergessen oder falsch: 1 Punkt.
- Adressaten in CC gesetzt: 2 Punkte.
- Maximale Menge von Emails im Monat überschritten: 5 Punkte.

Nur die wichtigen und notwendigen Themen schaffen es in die virtuelle Post. Eine gute Idee.

Und Warnhinweise:
Für eine hohe Anzahl von Adressaten. Oder eine Warnung, wenn interne + externe Adressaten ausgewählt wurden („Wollen Sie diesen Text auch an XX

versenden? Bestätigen Sie bitte mit „Hoppla".

Wer könnte diese Email-Polizei sein?
Welchen Titel könnte diese Person tragen?

Oder wäre es gleich eine ganze Abteilung?
Wäre sie beliebt im Unternehmen?
Geschätzte Kollegen oder eher „Arsch im Wolfspelz"?

Okay, wenn es dann doch keiner machen will, dann ist das Konzept entweder noch nicht ausgereift genug oder schlichtweg „überreif" und jetzt nicht mehr ohne weiteres umsetzbar.
Oh nein, nicht schon wieder eine EMAIL AN ALLE SCHICKEN.... Neiiiiiin...

Was also tun?
Über den eigenen Schatten springen... erst nachdenken, dann schreiben, dann noch einmal lesen und dann erst abschicken?
Seine eigene Polizei sein?

Es käme auf einen Versuch an.
Ich nehme mich beim Wort.
Sie sich auch?

Blondine ohne Ohren.

„Sie haben aber schöne Haare!", höre ich. Das ist sehr nett, wenngleich ich in einem Vorstellungsgespräch anderes erwartet hätte.
Aber dieses Mal geht es nicht nur um meine fachliche Kompetenz, sondern auch um mein Aussehen. Genauer gesagt um meine Präsenz vor der Kamera.

Das Gespräch verläuft sehr angenehm, der Funke springt über und wir sind uns schnell einig: wir wollen und wir werden also zusammenarbeiten.

Es geht um das Aufzeichnen von Vodcasts – das sind Videos, in denen Lerninhalte zusammengefasst und in Ton und Bild vermittelt werden sollen.
Kennen Sie noch das Telekolleg? So in etwa soll es aussehen.

Es gibt schon Vodcasts anderer Referenten und so konnte ich mir vorab schon ein Bild von der Sache machen.
Und damit meine Auftraggeber sich ein Bild machen konnten, habe ich vorab auch

schon ein Bewerbungsvideo gedreht und verschickt.

Meiner zukünftigen Karriere als Star bei Youtube steht eigentlich nichts mehr im Wege...

„Haben Sie noch etwas Zeit? Dann könnten wir gemeinsam mal zum Studio gehen.", werde ich gefragt.

NATÜRLICH HABE ICH ZEIT.
In so einem Studio war ich ja schließlich noch nie.

Wir laufen vom Campus zum Studio und schwatzen, als würden wir uns schon kennen. Fühlt sich gut an – wer spricht, der fühlt sich auch wohl, sage ich selbst gerne zu meinen Klienten.
Ich merke, dass das wirklich stimmt!

Im Studio ist es schön „lauschig". Der Raum ist schallisoliert, es gibt einen silbernen Hintergrund der später – grün angestrahlt – zum Greenscreen wird und als Platzhalter für den später noch einzufügenden Hintergrund dient. Cool.

Ich stelle mich davor und mache Faxen.
Dann merke ich, dass die Kamera läuft und entdecke mein Bild auf einem Monitor.
„Ups, erwischt!", denke ich mir.

Ist aber gar nicht schlimm, ganz im Gegenteil: „Du kannst dich gut vor der Kamera bewegen, ohne Scheu. Das ist prima!", werde ich beruhigt.

Wir sind schnell beim DU gelandet – das macht man beim Film eben so ☺

„Okay, dann sehen wir uns also demnächst hier im Studio wieder.", meint der Aufnahmeleiter.

Ich freue mich und komme mir schon ein ganz kleines Bisschen prominent vor.
Aber – ins Dschungelcamp möchte ich trotzdem nicht!

Wenige Wochen später – die Lehrmaterialien, Texte wie Folien sind vorbereitet – geht es also los.

Ich wohne nicht weit weg und habe eine kurze Anreise. Stehe nun vor dem Haus und bin gespannt, was mich erwartet.

Wir beginnen mit Kaffee und zweitem Frühstück. Ich gebe zu, ich bin doch etwas zu aufgeregt zum Essen, aber vielleicht gleich in der Pause?

Dann geht es los:
Erster Take.
Sogar mit einer richtigen Klappe.

„Kamera?"
„Läuft!"
„Ton?"
„Läuft!
„Gut, wir beginnen mit dem Vodcast Nr. 1 zum Thema XX. Dies ist Take 1.
Und... bitte!"

Alle Blicke ruhen auf mir.
Das weiß ich, obwohl ich im Moment fast blind bin. Oder besser „geblendet": von all den Scheinwerfern, nicht zuletzt von den LEDs die mich von der Kamera aus anstrahlen. Das fühlt sich an, wie wenn man direkt in die Sonne schaut.

Also nicht so doll. Aber ich werde mich noch daran gewöhnen.

Ich beginne etwas wackelig, aber es läuft ganz gut. Wir nehmen pro Vodcast zwei Takes auf und wenn es nötig wird, dann unterbrechen wir auch mal.

Zum Beispiel zum Lachen.
Man behauptet, dass ich von Zeit zu Zeit schmatzen würde.
ICH??
NIEMALS!!
Oder vielleicht doch?
Gut, dann wiederholen wir besser die Aufnahme noch einmal. Ohne Schmatzen.

Manchmal spielt auch die Technik nicht mit und der Präsentationsstift schreibt nicht oder die Folien springen nicht weiter (was soll das heißen, Festplatte ist „voll"? WAAAS?).
Oder der Gärtner fährt mal mit dem Rasenmäher am Fenster vorbei. Auch ganz nett!

Ist aber alles nicht so tragisch, denn wir haben genügend Zeit. Und die verbringen wir auch ganz angenehm.

Nach zwei Drehtagen ist alles aufgezeichnet. Jetzt beginnt die Arbeit des Cutters, die Aufnahmen zusammen zu schneiden sowie Hintergrund und Folien einzufügen. Zum Schluss noch Vor- und Abspann ergänzen, Ton prüfen – und fertig.

Für mich war das eine sehr bereichernde Erfahrung. Ich habe einiges über mich gelernt, z.B. wie ich auf andere wirke. Ich habe erlebt, wie es ist, für die Aufnahmen geschminkt und frisiert zu werden.

Und ich habe gelernt, dass blonde Haare vor einem Greenscreen gar nicht so einfach sind. Sie können nämlich das grüne Licht reflektieren und sehen dann grün aus und werden später sogar unsichtbar. Das muss dann retuschiert werden.
Ich will doch keine Glatze!

Wir probieren unterschiedliche Frisur-Varianten aus:
Zopf hinten oder seitlich.
Offen oder geflochten.
Streng oder lässig.

Nach etwa drei Monaten kann ich mir endlich das Ergebnis ansehen!
Es soll gut geworden sein – so der Kommentar der Crew.

Und?
Hm.
Wenn ich mich selbst so sehe, dann ist das irgendwie komisch.
Aber: dass muss vermutlich so.
„Wie gut, dass ich im richtigen Leben gelöster bin und auch besser frisiert!", schießt es mir durch den Kopf.

Wieso?
Die Aufnahmen mussten wohl retuschiert werden... und irgendwie sind meine Ohren „abhanden" gekommen.

Das tragische Schicksal einer Blondine vor dem Greenscreen:
Sie hat keine Ohren mehr.

Very Impo(r)tant Person?

Oh, wie spannend!
An der Kasse, direkt vor mir in der Schlange im Supermarkt, steht eine SEHR WICHTIGE PERSON.

Es MUSS einfach um Leben oder Tod gehen. Anders ließe sich für mich nicht erklären, warum sie hier telefoniert.

Dabei versucht sie – völlig auf ihr lebensnotwendiges Gespräch konzentriert – den Zigarettenautomaten zur Herausgabe eines oder mehrerer Päckchen Zigaretten zu überreden. Was sie genau will, ist nicht zu erkennen, sie drückt mal hier und mal da. Und dann dort, wieder mal hier... lalala.

Ihre Waren auf dem Band sind in der Zwischenzeit schon ganz vorne angekommen.
Meine auch.
Der Kassierer wartet.
Ich warte.
Hinter mir warten auch alle.

Die Lebensretterin drückt immer noch wirr herum, ist voll auf das ABSOLUT FESSELNDE Gespräch konzentriert.

Der Kassierer richtet das Wort an sie.
Keine Reaktion – wie auch, sie hat ja auch ein wichtiges anderes Gespräch.

Nochmal der freundliche Kassierer: „Was möchten Sie denn ziehen?".
Sie schaut verwirrt.
Er zeigt auf den Zigarettenautomaten.

„Warte mal, Sybille, ich muss mal kurz... hier WILL EINER was..."
Sie möchte Zigaretten. Irgendeine Sorte.
Nein, DIESE nicht.
Und diese?
Nein, diese auch nicht.

Jetzt muss also Sybille warten, aber nicht lange.
Nachdem ein Päckchen Zigaretten gnädig abgenickt ist, geht es weiter.

Der Kassierer ist fertig mit dem Scannen der einzelnen Artikel.

Er wartet.
Ich warte.
Alle warten.

Sybille und Superwoman retten am Telefon weiter die Welt.

Wir – die Zeitzeugen aus der Schlange an der Kasse – wechseln „anerkennende" Blicke.
Moment mal – kleiner Fehler – wir tauschen GENERVTE Blicke aus!
Der Kassierer bleibt aufmerksam und wirklich sehr höflich (ich könnte das vermutlich nicht), für mich eine bemerkenswerte Leistung, wirklich!
Ich selber wäre schon AUSGERASTET und stehe jetzt gerade auch schon kurz davor.

„Wie kann man denn bitte so respektlos sein?" frage ich laut.
Vielleicht hat Sybille es gehört – aber Superwoman leider nicht und hält uns alle also weiter auf.
Telefonieren ist soviel wichtiger, als zu zahlen und die Waren einzupacken.

Auch hinter mir fallen Worte wie „Kaum zu glauben!", „Was kann denn da so wichtig sein?" oder „Das ist ja sowas von unhöflich!".

Ich nicke zustimmend.
Und versuche, es mit Humor zu nehmen.
Schade, ich habe mein Telefon nicht dabei, sonst könnte ich vielleicht Sybille telefonisch bitten, ihrer Freundin zu sagen, dass sie jetzt auflegen und zahlen kann.
Und einpacken.

Der Kassierer sieht traurig aus.
Ich kann ihn gut verstehen.
Aber ich freue mich insgeheim auch darüber, dass sich hier nicht jeder seinen Teil einfach so denkt, sondern offen ausspricht, wie unangemessen und unangenehm diese Verhaltensweise ist.

Wonderwoman jedoch bleibt gänzlich unbeeindruckt und telefoniert, wie ich auf meinem Heimweg feststelle, noch mindestens zwei Straßen weiter mit Sybille. Da zeigt sich auch, dass es nicht wirklich ein lebenswichtiges Gespräch, sondern ein einfacher Schwatz war.

An den Inhalt können sich Sybille und Wonderwoman vermutlich schon eine Stunde später nicht mehr erinnern.

Mir aber wird in Erinnerung bleiben, wie unangenehm mir respektloses Verhalten ist.
Und werde in Zukunft noch mehr darauf achten, wann und wo ich zum Hörer greife.

Waren das noch Zeiten, in denen man um zu telefonieren noch ZUM TELEFON gehen musste!
Sie hatten doch was Gutes an sich!
Hach!

Nachtrag:
Liste der Orte, an denen ich Telefonieren unangemessen finde:

- Im Wartezimmer (geht doch bitte raus, was interessiert mich euer Kram),

- an der Kasse (siehe oben),

- auf der Toilette (mit oder ohne Gesellschaft, was sagt das wohl über deinen Respekt zum Gesprächspartner aus?),

- im Restaurant (wenn in Gesellschaft, habt ihr euch nichts zu sagen?),

- im Flugzeug (auf der Rollbahn, hast du kein das nötig und kein Zeitmanagement?),

- im Kino (also im Saal, ach bitte echt jetzt?)

To be continued...

Lösungsorientiertes Liegen II

Eine Projekttherapeutin packt zu.

Zum Wohl der Gruppe hat der Geschäftsführer ein klein wenig zurückstecken müssen.
Gut, vielleicht doch etwas mehr – schließlich atmet er nicht mehr und kann sich nun auch nicht mehr an seiner schönen Villa mit Pool und an seiner bestimmt recht jugendlichen Frau erfreuen.
Aber irgend etwas ist ja immer.
Und jetzt war eben ER dran.

Davor waren es Kollegen, Mitarbeiter oder auch Kunden, die seine Eskapaden ertragen durften.
Ein bisschen mehr Zeitdruck hier, ein Anschiss dort – vielleicht noch die Mitarbeiter gegeneinander ausspielen? Ach nein, nicht nötig, das machen die schon von ganz alleine! Da muss er sich seine gepflegten, leicht gebräunten Hände überhaupt nicht schmutzig machen... es erledigt sich quasi wie von Geisterhand. Anstatt gemeinsam am gleichen Ziel zu arbeiten, wirft man sich gegenseitig

Stöckchen in den Weg. Ist doch viel amüsanter!
Wenngleich: die Laune der Beteiligten hat das nicht wirklich angehoben... irgendwie ist diese Strategie dann doch nicht aufgegangen.

Der Chef als Bauernopfer, das ist aber schon irgendwie witzig.

Ich kuschele mich auf mein Sofa, schließlich war der Tag in der Stadt ja auch anstrengend.
Nach dem überraschend kurzen Meeting vom Vormittag und dem Besuch im Café sah ich mich quasi noch gezwungen, den ein oder anderen Einkauf zu erledigen.

Wussten Sie schon, wie anstrengend Shopping sein kann? Ich bin geradezu erschöpft. So viele tolle Düfte, Cremes, Nagellacke... da muss man sich durchtesten, da hilft alles Murren nichts!
Und dann erst die Taschen und Schuhe! PUH!
Die müssen doch gut zusammenpassen.
Wie sähe das denn sonst aus!!

Eigentlich könnte doch dort, wo der Fernseher jetzt steht (es läuft ein Krimi, wie passend) ein schöner Kamin stehen. Soll so eine angenehme Wärme sein. Und wäre so ganz nach meinem Geschmack... aber dazu müsste ich mich wohl räumlich verändern.

Ach ja, vielleicht keine schlechte Idee. Mein Auftraggeber hat ja ehr das Handtuch geworfen. Ich brauche einen neuen.
Ich stehe auf, und auf dem Weg zum Laptop nehme ich mir noch ein paar Snacks aus der Küche mit. Finger-Food: Cracker, Oliven und etwas Hartkäse. Damit es nicht zu trocken wird vielleicht noch ein Glas Wein? Gute Idee!

Während der Rechner startet, nehme ich einen ersten Schluck. Hmmmmmm.
Gute Wahl.

Ich suche nach einem neuen Projekt. Dazu könnte ich mein Profil in diversen Portalen aufrufen und nachschauen, wer mich besucht hat. Dazu vielleicht noch eine Recherche auf Karriere-Portalen und Projekt-Datenbanken. Und vielleicht noch etwas Beziehungspflege – funktioniert immer besser als jede Kalt-Akquise.

Der Fernseher läuft noch immer. Im Verhör will der Verdächtige keinen Ton von sich geben. Vielleicht sollte ich mich auch schon vorbereiten? Man weiß ja nie. Kommunikation ist ja schließlich mein Ding. Ich kann nicht nur gut zuhören und auch Schweigen zähle ich zu einer meiner Stärken. Die macht sich im Lebenslauf nicht so gut, aber in kritischen Projektsituationen ist sie einfach UNSCHLAGBAR.
Erst einmal abwarten und zuhören, so lautet meine Devise. Und damit bin ich bislang gut zurechtgekommen. Im Vergleich zu denen, die bei jeder Gelegenheit gleich in die Luft gehen oder alles gleich persönlich nehmen... mir viel zu anstrengend! Und, frage ich mich, bringt es die anderen schneller ans Ziel?
Wohl kaum.

Wie wird also mein Verhör aussehen? Zuhören und abwarten? Guter Plan.
Wie beim Coaching, erst einmal schauen, ob mein Gegenüber die Lösung von alleine

findet. Ich muss mich ja nicht selbst in die Bredouille bringen, dass sollen schön die anderen machen. Ist doch ihr Job! Ich möchte doch keine Spielverderberin sein. Wie bei einem kleinen Hund, so schießt es mir durch den Kopf, der will das Stöckchen schließlich auch selber mal fangen – und nicht nur vor die Nase gehalten bekommen!

Ok, fangt mich doch! Wenn ihr könnt.
Aber als Lösungsfinderin bin ich nicht so schnell zu greifen. Ich bin das Medium, ich bin im Prinzip unsichtbar ☺.

Eine schöne Vorstellung. Unsichtbar zu sein. Dann könnte ich jederzeit Mäuschen spielen: in Besprechungen den anderen über die Schulter schauen oder auch bei den Herren Kommissaren mit im Auto sitzen. Wenn es ein schönes Auto ist versteht sich, denn ich möchte meine neuen feinen Sachen ja nicht besudeln, auch nicht, wenn sie gerade unsichtbar sind. Das soll ja kein dauerhafter Zustand sein, und man stelle sich vor, ich bin wieder sichtbar und an meinem Popo kleben

Essensreste von der letzten Überwachungsaktion. Igitt!

Was würden die Herren Kommissare so über mich herausfinden können?
„Eine erfolgreiche Frau. Und ausgesprochen hübsch. Findet man nicht oft." der Herr Kommissar schaut sich anerkennend mein Foto an. Ich bin aber auch sowas von gut getroffen!
Und: wo er recht hat, hat er recht.
„Vielleicht sollten wir Frau S. um Rat fragen. Sie weiß bestimmt mehr.".
Auch da hat er recht. Ein echter Menschenkenner, der Herr Kommissar. Wenn ihm das mal nicht zu Kopfe steigt.

Ich schwelge in Gedanken und ups, mein Glas muss nachgefüllt werden. Vielleicht doch lieber ein Wasser? Ich muss einen klaren Kopf behalten... was wollte ich doch gleich? Achja, ein neues Projekt! Also los.

In meinem Posteingang werden neue Emails angezeigt: „Wir suchen Ihre Expertise als Web-Designerin im Bereich..." lese ich. Ach, wie habe ich euch vermisst! Ihr habt mir schon so lange nicht mehr geschrieben, schön von euch zu hören. Und auch gut zu wissen, dass ihr soviel Vertrauen in mich setzt, wenngleich ich von Webdesign soviel Ahnung habe, wie ihr von meinem Portfolio.

Aber – warum eigentlich nicht?

Ich klicke auf den Antwort-Button: „Herzlichen Dank für Ihre Anfrage, die mich zu einem günstigen Zeitpunkt erreicht. Ich bin kurzfristig verfügbar und unterstütze Sie sehr gerne mit meiner gesamten Expertise. Gerne können wir uns morgen über Details telefonisch austauschen. Anbei mein aktuelles Profil. Beste Grüße, Ihre Frau S." schreibe ich und schicke die Antwort gleich ab.

So, dann bin ich also bald Web-Designerin. Was macht man denn da so? Ich frage mal bei Google nach.
Soso, aha, interessant. Ist ja auch gut, mal was ganz anderes zu machen, oder? Das hält frisch und wach – und damit folge ich im Prinzip auch einer meiner eigenen Empfehlungen: Entwicklung ist immer auch Veränderung. Und Veränderung kann

vieles sein: räumliche, zeitliche, berufliche, private...
Alles ist möglich. Probier's einfach mal aus!

Ja, damit habe ich heute meinen eigenen Rat befolgt. Wer nichts macht, macht auch keine neuen Erfahrungen.

Beflügelt von dieser Einsicht beantworte ich gleich mehrere Projektvorschläge, die allesamt überhaupt nicht passen – vielleicht ergibt sich da ja Material für ein Buch?
Oh ja, ein Buch! Wie wäre es, meine Erfahrungen aufzuschreiben? Würde das Spaß machen? Würde sich jemand dafür interessieren?
Mein Entschluss steht: ich probiere es einfach mal aus!

Ich bin gerade mitten in der Planung meines Auftritts bei der Frankfurter Buchmesse, als es klingelt. So spät? Ich betätige die Gegensprech-Anlage und bemerke, dass bereits jemand vor der Wohnungstür steht. Zwei Herren mittleren Alters in dezenter Kleidung möchten mich sprechen...

Lösungsorientiertes Liegen III

Eine Projekttherapeutin packt zu.

Der Besuch am Abend war kurz, aber ich habe eine Einladung für den folgenden Tag erhalten. So ein Polizeirevier wollte ich schon immer mal von innen sehen. Und jetzt darf ich gleich ins Präsidium!
Hoppla, hier komm ich!

Es ist nicht so schick wie beim „Staatsanwalt", aber der wird ja auch im Rathaus gedreht. Das neue Präsidium ist nicht übel. Nur am Kaffee, da könnten Sie noch arbeiten.

„So, Frau S., wir haben Ihnen ja schon gestern mitgeteilt, dass Hr. X leblos in seinem Büro aufgefunden wurde."

Leblos? Isser jetzt tot oder nicht?

„Der Notarzt konnte unglücklicherweise nichts mehr für ihn tun. Und wir ermitteln nun wegen Mordes."

„Mord?" erschauere ich. „Wieso Mord? Woran ist er denn gestorben?" gebe ich mich erschüttert.

„Darüber dürfen wir Ihnen keine Auskunft geben, aber es gibt Hinweise darauf, dass er keines natürlichen Todes verstorben ist."

Ungenauer geht es wohl kaum. Schaut ihr kein Fernsehen? Wo bleibt denn hier die Spannung? Damit fesselt ihr mich nicht!

„Wann haben Sie Herrn X. zum letzten Mal gesehen?" werde ich gefragt. Der Herr Kommissar schaut mir tief in die Augen.
Er kommt mir bekannt vor.

„Ich glaube, dass war vorgestern. Ich arbeite viel vom Homeoffice aus und bin nur stunden- bzw. tageweise im Büro, wenn es Meetings gibt zum Beispiel."
Ist im Prinzip richtig, an gestern kann ich mich wirklich kaum noch erinnern. Und mit diesem Kaffee wird sich das auch nicht verbessern, aber das behalte ich für mich.

Es folgen weitere Fragen zu unserem Verhältnis (rein beruflicher Natur!), wie Herr

X. so war (ein Geschäftsmann eben) und ob ich mir Gründe vorstellen kann, für die er sein Leben lassen musste (das übersteigt nun wirklich meine Vorstellungskraft ☺).

Nach etwa 30 Minuten kann ich mich verabschieden, aber vielleicht werde ich noch einmal befragt.
„Gerne, Sie wissen ja, wie Sie mich erreichen. Haben Sie noch einen schönen Tag!" verabschiede ich mich und verlasse entspannt die Räumlichkeiten.

Das war nicht schwer! Da habe ich weiß Gott schon angespanntere Gespräche geführt.
Trotzdem bin ich froh, wieder meiner Wege gehen zu können. Verfolgt werde ich nicht, wie ich mich durch den ein oder anderen Seitenblick vergewissere, ich bin ja schließlich keine Anfängerin!

Zuhause angekommen habe ich schon die Antwort auf meine Expertise als Web-Designerin. Wir werden gleich telefonieren. Prima!

Ich brühe mir einen starken Kaffee auf und befrage noch einmal das Internet: „Was macht eine Web-Designerin?". Es gibt einige Treffer und aus den sympathischsten schreibe ich mir ein paar Vokabeln heraus.
Man will ja vorbereitet sein.

Das Gespräch ist kurz aber vielversprechend. Man werde mein Profil beim Kunden einreichen und sich zeitnah wieder melden.
Fein, ich bin gespannt, wie weit ich komme!

Ich überlege, in die Bibliothek zu gehen und mir Bücher über Webdesign anzuschauen. An der Uni gibt es bestimmt Informationen, hier wird doch auch Design gelehrt, oder? Bestens!
Schnell noch in legere Kleidung springen und los geht's.

Web-Design for Dummies, ich komme!

Lösungsorientiertes Liegen IV

Eine Projekttherapeutin packt zu.

Der Kunde scheint interessiert, vielleicht liegt es aber auch am mangelnden Zuspruch auf die Vakanz – ich werde zum Gespräch eingeladen.

Wie kleidet sich eine Web-Designerin? Ich befrage mal das Internet.
Die Ergebnisse sind unterschiedlich, aber das Modell „Hipster" scheint wohl eine gute Wahl zu sein.
Muss ich dafür noch shoppen gehen? Ich glaube nicht, es kommt einfach auf die richtige Kombination an.
Also zum Kleiderschrank.

Das passende Outfit ist schnell gefunden und ich lege es für morgen heraus.

Das Telefon läutet, der Herr Kommissar ist dran: „Frau S. schön, dass ich Sie erreiche. Wir würden uns gerne noch einmal mit Ihnen unterhalten, sind sie heute zuhause?" fragt er mich.

Ich bejahe und er kündigt an, in etwa einer Stunde mit seinem Kollegen vorbei zu schauen.
Gut.

Oder nicht gut? „Was kann das bedeuten? Hat jemand gequatscht?".
Meine Wortwahl passt sich der aus meinen Krimis an. „Welcher Halunke hat mich verpfiffen?", frage ich mich. Ich fühle mich verraten und verkauft.
Brauche ich ein Bier?
Nee, lieber nicht. Ich muss einen klaren Kopf behalten. Und darüber hinaus: Ihh, ich mag überhaupt kein Bier!
Ich schaue zu viel Fernsehen. Definitiv.

Der Herr Kommissar kommt allein und teilt mir mit, dass die Ermittlungen abgeschlossen seien. Todesursache Herzversagen. Doch kein Mord.
Aber warum kommt er da extra vorbei? Das hätte er mir doch auch am Telefon mitteilen können.
Er habe das Gefühl, dass ich eine besondere Verbindung zu Herrn X. gehabt habe. Deswegen wolle er mir diese Nachricht persönlich überbringen.

Seine Menschenkenntnis macht mich sprachlos.
Er interpretiert weiter drauf los: „Soll ich Ihnen ein Glas Wasser holen? Gibt es jemanden, der bei Ihnen sein kann?" fragt er besorgt.

Ich verneine, ich wäre jetzt lieber gerne alleine. Mein Grinsen kann ich mir nicht mehr lange verkneifen. Ich sehe aus, als müsste ich heulen. Tränen steigen mir in die Augen. Ich platze gleich.

Das merkt auch der Herr Kommissar und verabschiedet sich schnell.
Weinende Frauen funktionieren doch wirklich immer! Schwuppdiwupp, schon sind die Jungs über alle Berge.
Mir soll es recht sein.

Ich warte noch, bis ich höre wie er mit dem Wagen wegfährt, dann breche ich in Gelächter aus.

Das Telefon klingelt, ich melde mich fröhlich und stimme einem weiteren Gespräch für eine Position im Bereich Programmierung zu. Was für ein Tag!

Lösungsorientiertes Liegen V

Eine Web-Designerin träumt.

Vierzehn Tage später streift mein Blick durchs Büro. Ganz schön hip hier, es gibt viel Licht, schöne Tische und alles ist voller Äpfel. Sieht aus wie in einem Apfelgeschäft.

Ich teile mir den Raum mit 4 Kollegen, die alle genauso hip sind wie der Raum und ich. Wir passen gut zusammen.
Im Hintergrund dudelt Lounge-Musik, in der Ecke zischt eine ziemlich coole Maschine einen perfekten Café Creme für mich zusammen.

Wir haben gleich ein Meeting im Aufzug. Ich verstehe nicht so ganz wieso, weil ja keiner von uns irgendwo hinmuss oder will... aber man macht das jetzt wohl so.
Mir auch recht, dann spare ich mir meine Kreativität eben für anderes auf.

Und ja, ich bin ja so „ERFRISCHEND ANDERS!" sagen alle. Bringe neue Impulse und ganz andere Sichtweisen.

Wenn man so etwas von gerade von der Uni geschubbsten Leuten gesagt bekommt, entbehrt das nicht einer gewissen Ironie, aber was will ich machen... Ich bin einfach gut!

Die jungen Leute rücken ihre eckigen Brillen zurecht und ziehen die Schlübber aus dem Hosenbund.
„Brauchst du noch, oder kommste gleich mit?" fragen sie mich.

Ich brauche nichts und stehe auf. Den Kaffee nehme ich mit – und auf geht's.

Wir stehen im Aufzug.
Unser Team, also fünf Personen, plus Art Director und Key Account.
Ich lese, dass der Aufzug für 6 Personen zugelassen ist.
Seine letzte Überprüfung? Ist 3 Jahre her.
WAS?

Ich beginne, zu schwitzen.
Es dreht sich vor meinen Augen. Zwölf Augenpaare sind auf mich gerichtet.
Sie fragen mich etwas, aber ich kann sie nicht hören.

Es dreht sich schneller. Und schneller.
WARUM GEHT DAS VERDAMMTE LICHT JETZT AUS?

Es ist dunkel.
Es ist still.
Es ist weich.

WEICH?

Ich öffne die Augen, muss wohl ohnmächtig geworden sein.

„Alles in Ordnung", sage ich. „Mir geht's gut!". Ich höre Atmen, spüre eine Hand auf meinem Arm.
„Fein, Schatz. Hast du schlecht geträumt?".

Ich glaube, es hackt!
Wo bin ich??

Meine Hand greift zum Lichtschalter. Seit wann ist der eigentlich im Aufzug? Und wo sind die Kollegen?

Ich greife mir ins Gesicht.
Meine schöne eckige Hipster-Brille fehlt, kein Wunder, dass ich nichts erkenne.

Das Licht geht an.
Öhm.

Ich befinde mich nicht im Aufzug. Das ist einerseits gut, denn ich bin unbekleidet. Andererseits – wer ist der besorgte nette Herr zu meiner Linken?
DER HERR KOMMISSAR?

„Was, um Himmels Willen, war in dem Kaffee?" frage ich laut.

„Du hast geträumt, mein Hase. Aber jetzt bist du wach und ich mache dir einen Kaffee. Und dann schau ich mal, ob der Bäcker noch deine Lieblings-Croissants hat.".

Dieser Plan gefällt mir, aber seit wann sind der Herr Kommissar und ich so vertraut miteinander?
Ich verstehe nur Bahnhof.

„Du schaust zu viel Fernsehen!" höre ich noch und dann schlägt die Tür zu.

Hmm. Mal überlegt.

Es dämmert mir: der Serien-Marathon gestern Abend.
Mord und Totschlag.

Und die Idee, einen Krimi zu schreiben.

„Was die können, das kann ich schon längst!" höre ich mich sagen. „Du wirst schon sehen!".

Autsch! Es piekst in meinem Rücken. Ich greife unter mich und bekomme einen Bleistift zu fassen. Und – ja, auch ein Notizbuch.

Ich schlage es auf und lese:
„Lösungsorientiertes Liegen".

Das gefällt mir, ich muss grinsen. Ich lese weiter. „Gar nicht mal so schlecht", denke ich mir und mein Grinsen bleibt.

„Dir geht es schon wieder besser?".
Es duftet nach Kaffee und Croissants.
Ein perfekter Start in den Tag.
Und ich beschließe, erst einmal lösungsorientiert liegen zu bleiben...

Zum Schluss:
Bitte nicht drücken.

„Bitte nicht drücken" soll auf der Schaltfläche (also dem Button) stehen. Damit niemand auf die Idee kommt, darauf zu drücken.

Ähm. Ja.
Wird ganz prima funktionieren. Nicht.

Ich äußere meine Bedenken:
„Es hat sich schon oft gezeigt, dass diese Form der Beschriftung den Anwender geradezu dazu anspornt herauszufinden, was passiert, wenn der Button doch gedrückt wird.".

Stille.

Man(n) überlegt und schlägt eine andere Beschriftung vor: es soll jetzt der „Button ohne Funktion" sein. Und auch genau das soll darauf stehen: Button ohne Funktion.

Öhm ja.
Das ist natürlich viel besser. Nicht.

Ich fühle mich stellvertretend für alle Benutzer dieser Applikation nicht ernst genommen.
Warum muss für diese individuelle Anpassung der Programmoberfläche soviel Aufwand betrieben werden?
Zumal der Nutzen sich nicht rechnet: es wird doch so oder so geklickt (die Neugierde siegt!) und dann festgestellt, dass sich keine nennenswerte Funktionalität dahinter versteckt.

Mh.

Wir reden im Übrigen von System-Usern, die im IT-Business tätig sind und zumeist selbst programmieren. Was werden die sich wohl dabei denken?
Wenn ich von MEINEN Gedanken hierzu ausgehe, dann möchte ich es vielleicht doch lieber nicht wissen.
Sonst könnte ich vielleicht heute Nacht nicht einschlafen.
Und damit wäre auch niemandem geholfen ☺.

Im Rahmen meiner Tätigkeit als Projektmanagerin im IT-Bereich bin ich

auch so einige (hinter-) fragwürdige Anforderungen und Ideen gestoßen.
Und beim Stammtisch erfahre ich: ich bin absolut kein Einzelfall!

Auch andere Projekte haben schwache Ideen:

„Lassen Sie doch in den Pflichtfeldern schon Daten vorgeblendet stehen, sonst muss ja alles noch ausgefüllt werden.".
???
Ich glaube, wir sollten nochmal über die Funktion und Aufgabe von Pflichtfeldern sprechen... was meinen Sie?

„Können wir das Todesdatum nicht automatisch mit dem aktuellen Tagesdatum sowie Uhrzeit befüllen?". Ja, wenn Sie direkt mit der Nulllinie auf den Knopf drücken, dann ist das wirklich eine gute Idee.
Nein, natürlich nicht! Das ist absolut unsinnig und auch unmoralisch.

Was soll der Unsinn?
Was sachlich schon unsinnig erscheint – das stellt andererseits auch unser Gehirn vor eine schier unlösbare Aufgabe:
so weiß der Hirnforscher oder auch der Psychologe zu berichten, dass unser Gehirn kein NICHT kennt.
Beziehungsweise nicht verarbeitet.

Funktioniert also gar nicht, dieses „Tun sie dies oder das NICHT.".
Kann gar nicht funktionieren!

Und nun?
Naja, denken Sie einfach NICHT an einen rosa Elefanten.

Und?

Über mich

Ich arbeite seit 2014 freiberuflich als Projektmanagerin, Kommunikationstrainerin, Coach und Projekttherapeutin. Wobei die Projekttherapie gerne genutzt, aber (da bin ich ehrlich) eher nicht bestellt und bezahlt wird. „Wir sind doch nicht krank! Wir brauchen doch keine Therapie! TseTse..."

Davor liegen mehr als 20 Jahre Erfahrungen im Projektmanagement und der Erwachsenenbildung:

- als PMO Expert

- als Consultant und Projektmanagerin

- als Ausbilderin und Trainerin

- als Abteilungsleitung eines PMO

- als freiberufliche Trainerin und Vortrags-Rednerin

Ich freue mich über interessante Projekte und Herausforderungen. Immer wieder.